EXTRA INCOME

林特特 ◎ 著

成为“斜杠青年”

让你的每一分钟都值得

中国妇女出版社

图书在版编目（CIP）数据

成为“斜杠青年”：让你的每一分钟都值得 / 林特特著. -- 北京 ：中国妇女出版社，2021.11
ISBN 978-7-5127-2025-1

Ⅰ. ①成… Ⅱ. ①林… Ⅲ. ①创业－青年读物 Ⅳ. ①F241.4-49

中国版本图书馆CIP数据核字（2021）第169383号

成为“斜杠青年”——让你的每一分钟都值得

作　　者：林特特　著
责任编辑：李一之
封面设计：唐　昊
责任印制：王卫东
出版发行：中国妇女出版社
地　　址：北京市东城区史家胡同甲24号　　　邮政编码：100010
电　　话：（010）65133160（发行部）　　　65133161（邮购）
网　　址：www.womenbooks.cn
法律顾问：北京市道可特律师事务所
经　　销：各地新华书店
印　　刷：大厂回族自治县德诚印务有限公司
开　　本：145×210　1/32
印　　张：7.75
字　　数：160千字
版　　次：2021年11月第1版
印　　次：2021年11月第1次
书　　号：ISBN 978-7-5127-2025-1
定　　价：49.80元

序　言

在如今这个移动互联网时代，想拥有多重身份，想从事多个行业，比以往任何一个时代实现的概率都要大。

有的人为了打发业余时间；有的人纯粹为了增加收入；有的人想用别的方式实现自我；有的人掌握一些资源，不变现实在可惜；还有的人呢，当初因为种种原因被迫放弃了梦想，如今先以爱好的形式再次涉足……

总之，在正职、主业之外，越来越多的人做兼职、做副业，成为所谓的“斜杠青年”。

打开手机，各种各样的人从事副业而发家、发财、转为正职、轻松变现的新闻比比皆是。

什么普通白领卖教程月入过万；什么“90后”小妹业余为宠物美容年入10万；什么三线城市宝妈做社区团购养活全家；什么打游戏从消遣到外快，挣得盆满钵满；等等。

许多人看到这些新闻，看到身边人忽然成功就心动了——

我是不是也能开发一个副业呢？

我做什么副业好呢？

我做副业会影响我的主业吗？

等做了副业才发现，别人轻松变现似乎真的只是动动手指那么简单，可轮到自己怎么就这么难……

正如世间的所有工作，有人做得好，有人做得差；兼职、副业也不是你想做就能做，做什么都行，做了就能做好的。

选择比执行更重要。想好了再做，有计划地做，一定比不假思索地蛮干、盲从，性价比要高。

无数真实的例子说明，每个人的情况不一样，优势也不一样。同样的话，不同的人来说，同样的活，不同的人来做，同样的货，不同的人来卖，结果就是不一样。

捷径不是别人走得通、证明好走的路，而是别绕路，是你最容易发挥优势、最容易成功的路。

从事副业也是，首先要找到属于你的正确的路。

翻开正文前，请先允许我介绍一下自己，说说我为什么想写这本书。

我是林特特，毕业于中国人民大学清史研究所，历史学硕士。

我是一名作家，出版过多部作品，大部分人知道我的名字，是因为我的一本书——《以自己喜欢的方式过一生》。2013年以来，它已经畅销近两百万册。

我是一名自我管理的培训师，过去几年，我先后在龙湖地产、百合网、读者集团、三星、中石化等多家大型企业做自我管理培训，在多所高校做包括职业生涯规划在内的讲座数百场。2019 年 7 月，我受聘为天津大学高等教育培训中心的高级讲师。知识付费时代，我在线上平台开设了多个自我管理的课程，如 2018 年 3 月在得到 App 上线的《如何成为社交高手》。

每年经我辅导后成功转型，找到合适的主业、兼职、副业之路的人不下百位。

许多人不知道，我今天的双重身份——作家、培训师，都曾是我的副业。

2017 年全职写作前，我一直从事媒体工作。那 10 多年中，我获过国家级的出版奖项，带过团队，创办过公司，做过职业经理人。

我的副业之一，写作，从我离开校园那天就开始了，随着作品的畅销，我成为专业作家。

我的副业之二，培训，是在我生完孩子、重返职场后，发现不得不挤压时间、提高效率、严格自我管理，在与陌生人、熟人不断分享的过程中，思考、总结、研究出方法论，又借助线上、线下平台最终变现，如今已经成为我工作的一部分，收入的重要来源。

从副业到主业，如何找方向，如何制订计划，如何推销自己，会遇到哪些坑，我比一般人更有发言权。

在写作过程中，从事媒体工作时，各种培训中，我遇到了大量真实的转型、兼职、做副业、将爱好和技能变现的小人物，他们无一例外都是借助自己最具闪光点的那件事获得成功、获取认可。他们有的被我写进书里，有的成为鲜活的例子，在各种场合的讲座中被引用、被分析。

这些经验、这些案例，也将在这本书中出现。

现在，我来介绍一下这本书，我希望分四个模块进行讲述。

第一模块，我们聊一下厘清目标，也就是为什么做副业。是为了挣钱，还是为了过渡成专职工作？确定根本目标，制订方案。

第二模块，我们发现、利用自己已有的优势，盘点人生库存，看看你是在人脉上有优势，还是在某个专业上特别有发言权，你卖什么、说什么别人都信你。

如果找到了优势，我们再一起寻找将优势变现的四个关键，找到工具、产品、个人标签、路线图。同时，学会如何制订计划，对自己进行精力、时间、项目管理；培养与从事副业相关的表达、营销、社交能力。

如果找不到优势，我们再探讨一下你在人人都可以做的副业，比如代购、微商、包租、土特产交易、网约车司机中如何脱颖而出。

第三模块，我们进入实战篇，用六个场景——读书、写作、做主播、做课程、做策划、做经纪，来具体展现如何从零开始从事这些副业。

第四模块，我们谈谈从事副业时要注意跳过哪些坑，规避哪些风险，怎么签合同，如何拓宽渠道，以及什么时候可以将一份副业变成主业。

希望这本书能让你对自己有更清楚的认识。你的路线图，是私人定制、别人无法复制的，正如你的优势，独一无二。祝你早日在广阔的副业发展道路上出发，愉快地驰骋。

目录
CONTENTS

第一章

确定目标：你为什么做副业

2021年以来，我身边的朋友做副业的越来越多，有不少人收益可观，甚至把主业都辞了。我大概分析了一下，发现大部分人从事副业的原因有这么几种——

1. 增加收入

简而言之，就是想挣点钱，贴补一下生活；多挣点钱，离财富自由就更近些。

尤其是对婚后成为“宝妈”的人来说，既想多挣点钱，给孩子更好的生活，也想让自己虽然离开职场，但不与社会脱节。

2. 资源变现

比如你因为工作认识了一些人，他们各有能耐，这些能耐利用起来，你似乎可以做些什么事——人脉是你想变现的资源。

比如你在的圈子，所属人群惊人地相似，你觉得他们有一些共同的需求，恰好你能满足——他们的需求是你想变现的资源。

又或者你的一些知识、技能，除了在已有的平台可以用，别的平台、别的人也需要，与其免费，与其浪费，不如拿来做副业。

3. 用副业过渡

有些人想改行、想转型，但是不太确定选择是否正确，就从副业、兼职做起，在副业中寻找转型、跳槽的机会，等时机成熟时，再将副业变成主业。

我就认识一名脱口秀演员，叫亮亮。亮亮在从事职业脱口秀前，一直做英语教育培训，他把脱口秀当作副业。从业 5 年，直到演出的收入比上班的工资高，有了自己固定的粉丝群、合作机构，他才辞去工作，正式从事脱口秀行业。

我本人和亮亮的经历相似，在成为职业作家前，我有 10 年出版社的工作经验。我一边工作，一边写作，直到写作得到了市场的认可，我可以靠写作养活自己了，我才做了专职作家。

4. 心理补偿

一些人将兴趣爱好、未遂的心愿当副业，不给钱都做，用爱“发电”；更何况，这个时代渠道、办法很多，如果做得好，还有人付费，这种满足感能支撑他们从事副业。

比如某前棒球职业运动员退役后，主业是卖车，副业是给附近的小学生做棒球教练。

某大公司的副总裁职位高、收入高，但她在线上开了一门古文课，原来她的父亲是一位著名的语言学家，而她本人本科时读的专业也是语言学，只是后来改行了。

除了未遂的心愿，还有一些人从事副业是为了抵消对生活的倦怠。

别笑，这是有理论依据的，最初提出“斜杠青年”这个概念，发现越来越多的人拥有多重职业身份的是一位美国作家，名叫玛希·埃尔博尔。她写了一本书，名为《不能只打一份工》。书中提到，相对于传统的单一职业，多重职业的生活会让人更满足，很多人用工作外的身份展现出自己的特别之处，觉得那才是真的“我”。

一位工程师，同时也是一位戏剧导演；一位脑力工作者，同时也是健身教练；一位化学家，同时还是一位诗人……

在多重身份的切换中，这一类副业从业者，用一个身份的新鲜来平衡另一个身份的疲倦。

5. 从众

所谓闲着也是闲着。

有些人，时间大把，精力大把。

隔壁老张拉了个美食群，他是群主，组织邻居们团购。听说他手指点点，再转发些链接，就能收取佣金、赚差价，这事儿太简单了。你一听说，就觉得我也可以做，我也要去做。何况老张还发展了老李、老刘，他们天天讨论得非常热闹，你要是不去，不就脱离组织，跟他们没共同语言了吗？

所以，你赶紧加入了。

你看——

挣钱。

有点事儿做。

不浪费资源。

在副业中谋求职业发展的机会。

在主业、副业的切换中，获得更充实的人生，增强幸福感。

以上做副业的原因、目标，你是不是闻到了熟悉的味道？

那么，对号入座，看看你符合哪条或哪几条。

我们再来看副业领域的从业者的类型，你可以再对号入座。

任何一种副业，都有三类从业者。

1. 专业型选手

也就是通过原有的、较为专业的技能，离开所在的单位、平台，在其他单位、平台做同样的事或相关的事，获得副业收入。

比如学校的老师在高考后填报志愿前，提供咨询服务。

又比如像电影《送我上青云》中，有一位企业家想给父亲写传记，开价不菲。他找到报社记者盛男，他想买的就是盛男写作上的专业技能。

2. 票友

也就是从事的副业和现在的职业、专业风马牛不相及，但——

取得过相关的资格证书，有一定的专业技能。

想从事的副业，需要一些特殊才能，恰好自己有。

沉迷其中十几年了，自己在业余的人中最专业。

谈这个领域的问题，有丰富的知识，广受认可，很多人相信自己。

因为歌唱得好，就在线搞唱歌培训。

因为平时总跑文物市场，吃过亏，上过当，交过学费，但也攒了很多经验，有不少收藏。

因为爱美、爱化妆，干脆卖起美妆产品；为了卖得好，干脆潜心研究，在实战中学习，越学越精。

因为有了宝宝，每天带娃带出经验，在宝妈群交流育儿心得，在母婴领域崭露头角。

……

这些都属于这个范畴。

3. 基础劳动者

每个行业，包括副业，专业等级都是分层次的，总有一部分从业者在这个行业是最基础的级别。

还有一些行业根本不需要什么特别艰深的专业技能，或技能一学就会，不用复杂的培训，这些行业的人大多做的都是没什么技术含量的工作。

重要的是肯做。

像发传单；像业余摆个小摊儿，卖冰淇淋；像加工一些简单的零部件；等等。

经过梳理，我们能得出结论——

从事副业，要么通过原有的专业，在副业中做专业型选手；要么开启新的专业和方向，做最基础的劳动者和票友。

通过原有专业，在副业中做专业型选手，需要对你的专业、职业进行思考和调查：你的专业可以去哪些平台发展？你通过何种方式抵达这些平台？你的专业可以分离出哪些技能？这些技能能在哪里落地、变现？

我们用实际的例子来说明。

电视台的编导张唯，她熟悉整个电视节目的制作流程，她可以接网站的视频节目、企业宣传片等项目做副业；她的工作需要她有策划能力，她能策划一个电视片子，就能策划一个大型活动。策划，是能独立出来成为她做副业的一个方向的。

再举一个例子，某企业的营销人员真真，做营销是她的本职工作，营销过程中，沟通、谈判、做PPT等，都是她的职业必备技能。因此她可以给人当经纪人，代做PPT也可以成为副业。

而开启新的专业、方向时，最初能选择的角色只有基础劳动者和票友。

如果只能做最基础的劳动者，就要想清楚，目前我上手最快、最容易从事的基础劳动是什么？有没有人能迅速引荐我进入这个领域？

如果想从票友做起，就要思考，我在哪些领域是业余的人中最专业的？这些领域可从事的副业有哪些？

还是用实际事例来展现。

隔壁老张拉了个美食群，你跟着他也拉个美食群，这就是你最快能接触到的副业领域，虽然你只是做些最基础的事。

你是爱美达人，美妆这个话题，你已经有了一定的知识储备，卖美妆产品、做美妆博主，是你可以从事的副业。

以上，就是从业角色决定的路线图。

我们总结一下——

人们从事副业，大多因为要增加收入、资源变现、用副业过渡、心理补偿和从众。

人们在一开始从事一项副业时，能选择的角色分别是：专业型选手、票友和基础劳动者。

你要么利用现有的专业技能，要么进入一个全新的领域，从头做起。

可无论做什么，都要做自己最容易成功的事。

最容易成功的、你最擅长的，就是你的优势。

你可能会说，我觉得我没什么优势啊，一听“专业”俩字我就蒙了，我没什么专业知识啊。或者，我学的专业太普通了、太寻常了、太生僻了、太小众了，怎么可能分离出个副业呢？

我也没什么兴趣爱好，在任何领域都不是票友，也不想做基础劳动，我还能做副业吗？

能，当然能。

几乎每个人都有自己没有意识到的优势，我们找到它，放大它，再将它落地，这就是你的副业之路。

第二章

优势变现：你能做什么副业

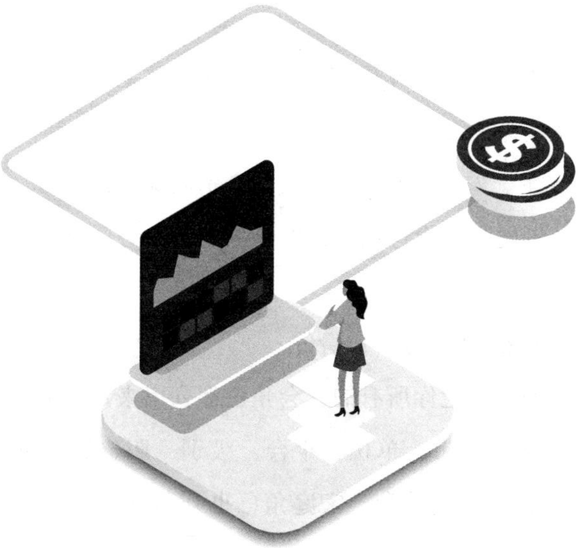

1. 如何发现自己的优势

1.1 发现优势第一招：给自己画一幅像

每个人都有优势，但每个人都不一定了解自己的优势在哪里，或是能掂量清自己看到的优势到底算不算优势。其实想搞清楚优势，需要先搞清楚：我是谁？我在哪些方面有发言权？我能代表哪类人？为此我提炼了一个“六维优势画像法”，能帮你简单又立体地发现自己的优势。

接下来我们就一起来画像，像画完，优势就自然而然地显现了。先找一张白纸，我们分别从身份、经历、专业、人脉、兴趣和评价这六个维度着手，逐一把它们列在纸上。

先说第一个维度——身份。

身份就是把你所有的社会角色都列出来，性别、年龄、职业、所在城市、单位、平台、级别、职位等，包括婚姻状态，已婚还是单身，家庭角色也列一下，比如你是家里老大还是独生子女。此外，房东、房客，本地人、某个城市的漂泊者……也是身份，父亲的孩子、孩子的父亲、朋友的朋友、同事的同事，这些也都尽可能地列出来。你别嫌麻烦，此处你把身份列得越多，后面你能从中抽离出的副业机会也就越多、越清晰。

列完了，用形容词 + 名词的形式，细化、展现。比如，我是活泼开朗的 + 实习律师；我是内向羞涩的 + 只会打杂的 + 办公室文员；我是热情好客的 + 公司前台；我是父母的小女儿 + 待业青年；我是无所不能、什么都会的 + 会计；等等。

你发现了吗？你对自己的认知就隐藏在这些形容词中。这些认知有什么作用，我们待会儿再说。

列完身份，我们列第二个维度——经历。

让经历成为身份的补充。经历包括——你是学什么的？哪里人？跳过几次槽？谈过几次恋爱？别笑，如同身份，所有的经历也都可能成为财富。实际上，我们的很多经历中都沉淀了你不以为意的，别人却觉得稀罕的技能。你做过什么，对于没有这段经历的人，你就有了发言权。

比如，我们在上一章中提到过的脱口秀演员亮亮，刚入行时他去拜师学艺，就曾对师父说：“我是一名英语教育培训机构的老师，我有丰富的调动学生积极性的经验，我也经常说笑话来活跃课堂气氛，听我课的人排到了教室外，他们更多的是希望听到我讲的段子。"

那时新东方、疯狂英语刚刚流行，在许多知名大V的宣传下，很多人在脑海里已经会把英语老师和段子手画等号。亮亮展示出他的相关经历，师父会想，是啊，都是来拜师的，亮亮的经历似乎已经比别人早迈了两个台阶。

经历更是共同语言，经历本身就是突破口，你拿着它，可以和有同样经历的人来往。

相信我，中国是人口大国，再小众的事，其实背后都有一个庞大的参与者数量。你作为某一种经历的代表人物，你把这一类人的需求吃透，已经够你受用终生。

接下来，我们再列第三个维度——专业。

首先，当然是你正在从事的职业；你正正经经地读过书，拿到过学历证书的专业。其次，我们之前提到过，一种专业可以从事几种职业，盘算一下，除了你目前正在做的工作，你还能去做哪些相关工作，在那些工作中，你也算专业型选手吗？同时，一份工作，需要多种技能，你能单个拎出来，在别的工作中也适用的专业技能有哪些？再次，和你本职工作无关的行业，你有没有取得过相关的职业资格证书？你上过什么课或者培训班？花的时间、掌握的知识是否比一般人要多一点儿？

举个例子，我是一个作家，我没有做过一天编剧，如果我想转型去做编剧，我会从编剧助理或策划做起，将其作为副业。我会在履历上列出，我曾写过一篇小说，已经卖了电影版权；我曾经在中央戏剧学院读过 4 个月的短期编剧培训班；我还会写上，“我对中外经典电影如数家珍”，在多个影视论坛上写过影评，其中转载率是多少——“多少”是一个具体数字。这段文字中，我卖过电影版权是真实的经历，我上过中戏的培训班是和编剧专业相关的学习；所谓看过多少影片，写过多少影评，其实是我在读培训班时，被学校要求必做的作业，但这里可以拿出来，单独作为经验值，强调一下——强调我在业余的人中最专业，做过最多的储备。

列专业，就是列出你能做专业型选手和票友两个角色的行业有哪些。

再开始列第四个维度——人脉。

人脉，不是你认识多少厉害的、可以呼风唤雨的人，他们手中有什么资源。而是你用得上、够得着、接触得到的人，也就是有效人脉。有效人脉有两种：一种是你有明确想做的事，你马上能找到与此相关，能帮你促成这件事的人；另一种是你最常来往的那批人，就是你的社交圈，你通过研究他们有什么共性，再去思考你能不能利用好这些共性，做点什么事。

列完人脉，我们再来列第五个维度——兴趣。

兴趣，无须解释，你喜欢的所有事物都可以在脑海中过一遍，但按你投入时间的多少，热衷的程度，水平的高低，标出强、中、弱三个档位，选取最强的列出来。你钢琴十级，你在合唱团做过领唱，这些是强爱好，因为它们已经得到了来自外界的认可，能指向你直接可以去做的副业。你喜欢收纳，打算去考个收纳师；你就爱琢磨吃的，看抖音、看快手，除了吃的，啥也不看，看完还自己做；你虽然是个大人，乐高却是你从小到大的兴趣点，再复杂、再宏伟，你也拼得出来，愿意花时间。这些也是强爱好，因为你愿意为它们投入金钱、时间、精力，只是它们要成为副业，还需要假以时日。

这些爱好怎么成为副业呢？我们在之后的内容中再说，这里我们先做第一步——把自己研究清楚，把自己最厉害的那些点挑出来。

现在，我们来列最后一个维度——评价。

我们都知道，评价包括主观评价和客观评价，也可以说是自我评价和他人评价。我们在列身份时，用过形容词加名词的组合，形容词其实就是自我认知、自我评价。活泼开朗、无所不能、能说会道等，这些词就是我们对自身性格、能力的定义。

从事副业，找到优势，就是捷径。要扬长避短，就要有自知之明。现在，你把好的形容词挑出来，圈起来，留下来，就是把你最好的一面留下。那么，“他人评价”该如何精准提炼呢？怎样确保大家的评价是真实的，而不是商业互捧呢？留个小悬念，下节内容为你揭晓。

1.2 发现优势第二招：朋友圈里的秘密

在当今这个充满商业互捧的年代，你如何才能听到来自他人的真实的正面评价呢？别急，这就给你一个非常直接的技巧。

如果你不知道你最受人喜欢的点是什么，就去研究一下你的微信朋友圈。是你展现幽默时大家最喜欢，还是一发亲子教育心得就评论一片，不住地有人表示赞同？或者你表现出某项特长时，总让人眼前一亮？尤其那些和你平时联系不多，八百年不说一次话的人，只要你发某一类朋友圈，他们都会给你点赞？你发的最受欢迎的那一类朋友圈，就是多面的你最受欢迎的那一面，是他人对你最真实的正面回应。

这种巧妙的方式你学会了吗？赶紧翻翻你的朋友圈，汇总下你最受欢迎的那类朋友圈，从中提取出另一个视角下的个人优势，去完成你的“六维优势画像”。正如技能，可以从具体的工作中分离，作为从事副业的方向，你的性格、某方面能力、深受别人喜欢的点，也可以抽离出来，对标需要这些性格、能力、点的行业、工作，去定位你的副业方向。

讲到这里我们来做个总结：我的优势到底在哪里？

在你的正面评价里；在你最浓厚的兴趣、最突出的特长里；在你可以开发的最常来往的人群里；在你的专业，在业余的人中你最专业的事里；在目前虽然不明朗，但你就是有兴趣，也愿意付出时间、花钱投资的事里。

优势还在你能代表的同类中：从年龄上，你能代表青年、中年或老年；从生活状态上，你能代表本地人、北漂、租房者、要买房子的人；从家庭角色上，你能代表父母、孩子，具体点，单亲妈妈、远在千里之外的儿女；从职场上，你能代表刚入职场的，已经有天花板的，打算跳槽的；等等。总之，每一个细分领域，你都能代表和你一样的人，而你的痛点就是他们的痛点，你的需求就是他们的需求，找到你们之间的共性，找到合适的工具、产品、渠道、方法，你就能变现了。你，就是你最大的优势。

接下来，我们用一个非常有代表性的真实故事来展现如何通过"六维优势画像法"分析自己，找到优势，找到突破口。

这个故事，是最近发生的事。

琳琳，女，某酒店大堂的工作人员，1990年出生，单身，颜值8.5分以上，身材很好。我因为预订酒店认识了她。

琳琳春节回老家后就发生了疫情，单位让她一时半会儿别回来，因为回来以后也要隔离才能上班，而酒店没有生意，现在还是停工状态，什么时候全面复工是未知数。

琳琳闲在家里听同事们说，这次疫情，整个行业受到了重创，不但复工遥遥无期，之后破产、关门、裁员都有可能发生。琳琳心慌了，她想早点做准备，看到有人在朋友圈卖东西，就加入了。是的，就是我们常说的微商。琳琳做副业，符合我们第一章所说的，从众及想增加收入。

可是琳琳做了三个星期的微商，却没有成功卖出一单，这让她感到非常苦恼。琳琳来找我倾诉时，我研究了一下她的朋友圈，看了一下她做微商时发的那些链接。你来猜一猜，问题最有可能出在哪儿呢？

你可能会打趣地说，她没卖口罩。也没错，其实最大的问题在于，琳琳卖的东西和她本人没有任何关系。三个星期以来，琳琳卖过在线儿童英语辅导班的课，卖过纸尿裤，卖过治疗颈椎的仪器和中草药包。可是，琳琳是单身，在亲子话题上没有发言权，她也不是一个教育工作者，更不是母婴类产品的开发者、销售者；至于治疗颈椎病，琳琳天鹅般的脖颈一看就不需要治疗，平日里，琳琳没有伏案工作的需要，也就没有这方面的痛苦。再卖力的宣传，也只是增加产品链接的点击率，很难有什么转化，卖不出去货，就挣不回钱。

第二个突出问题，是琳琳的宣传不够卖力。

她转发的链接有文案，可是文案一看就不是她写的，是从微商群中复制的，千篇一律。每一条连标点符号的用法都类似，或者是三个感叹号，或者是一堆波浪符。这么说吧，自从琳琳开始做微商，她的画风就变成了一个没有感情的机器人，而机器人是带不来生意的。

那么，如果琳琳继续做微商，卖哪些产品，做哪些工作，成交率会提高呢？除了做微商，琳琳还有没有别的副业选择呢？琳琳和我聊了一下，我指导她为自己画“六维优势画像”。

首先，是列身份。

酒店工作人员，是琳琳最重要的社会角色，其他还有单身女性、北漂、“90后”。除此之外呢？琳琳是父母的女儿，朋友的朋友，同事的同事；是房客，也是房东——琳琳在北京工作、租房，但同时她在家乡有房子，租出去了；琳琳是南京人，中学毕业后上了一所中专，读了酒店服务专业，从南京到广州到天津再到北京，18 岁入行，从业 11 年，实习加正式工作过的星级宾馆有 7 家，除了厨房没待过，各部门都待过；谈过两次恋爱，买过 3 套房，卖过 2 套房，装修过 5 次，包括父母的家、自己的小窝。

其次，列专业、经历和评价。

琳琳学的专业是酒店服务，在酒店各个部门待过，从业时间够久，这是她的第一专业。酒店服务需要较强的语言能力、观察能力、交际能力、营销能力、记忆能力和应变能力，这样才能和客人搞好关系，给人留下深刻的印象。无论发生什么突发情况，都要尽可能及时处理周全。琳琳列到这一项时，发现她起码能抽出一种专业技能用作副业，那就是在线做客服。

琳琳买卖房子 5 套，装修过 5 次，在房子这件事上，她花的时间比别人多，研究自然也会深些。不说别的，她的电脑里专门有一个文件夹收藏近千张装修图，订阅了几十个装修的微信公众号，在好几个以装修为主题的群里，她是意见领袖。

说到这儿，正好明确了这场疫情让琳琳如此紧张、着急开发副业的主要原因：她刚刚取得在北京买房的资格，在父母的资助下，她还卖了在家乡的一套小房子，刚刚凑齐首付，就怕收入有变，还不起房贷。

琳琳对在北京买房过户的最新规定，对贷款的各项要求，装修怎样省钱，怎样性价比高，心里的算盘珠子拨过无数遍。平时她就爱和同事、闺密谈论这些问题，小圈子里谁有这方面的疑问也会问她，所以，此时琳琳忽然意识到，或许关于房子的一切，如买、卖、找中介、找装修，也可以发展成她的专业。

之后，列兴趣。

琳琳的魔鬼身材哪里来的？练瑜伽得来的。

琳琳参加过十来个大大小小的瑜伽班、普拉提班，练了六七年，上班时只要有空，她就去单位的健身房锻炼。有那么几次，瑜伽教练没来，甚至找琳琳做代班老师。琳琳身边的人、朋友圈的好友，都知道她有这个爱好，因为她晒过做瑜伽的照片。普通的照片没什么好晒的，琳琳只晒高难度动作的。瑜伽，外延到健身，是琳琳认为她比一般人有发言权的事，可以发展成专业的。

最后，我帮助琳琳一起列人脉。

琳琳画她人脉的画像时，发现她除了基础交往对象，如家人、同学、合租伙伴、同事外，能接触到的最多的人，通讯录里占比最大的，都是酒店的顾客，其中也有我。琳琳开始分析这些人的共性，这些顾客享受过琳琳提供的服务，再住酒店，或订餐，或订房，还会回头来找她，说明对她已经有了一定的信任。这些顾客经常出差，对品质生活有要求，因为琳琳所在的是一家高档的星级酒店。这些人的需求是什么？如果买东西，想买什么方面的？

琳琳琢磨起来，有一点是明确的，英语辅导班、颈椎治疗仪、纸尿裤由她来卖，卖给熟人，没有说服力；卖给酒店顾客人群，他们对便宜货不感兴趣，他们对琳琳的信任也不在琳琳推销的这些类型的商品上。

卖点什么好呢？这时琳琳忽然想起，以前她在领导的要求下转过单位公众号的促销消息，比如逢年过节酒店餐厅准备的大礼包，年夜饭预订，等等，确实有人来问过她，还下过单。这些销售都是有提成的，只是琳琳当时不以为意，没想过好好经营。

所以，综合琳琳的“六维优势画像”，我们一起整理了短期和中长期的副业路线图，也就是疫情复工前后，琳琳的副业具体可以从哪些方面入手，未来的副业路该如何走。我们一起拟定的副业路线图是这样的：

复工前，琳琳可以试试找一下线上客服或一些行业简单的助理工作，作为副业。如果不耽误本职工作，这项副业可以坚持做，并兼职几家一起做。

复工后，琳琳可以利用平台、身份的特点，人脉的优势，销售本单位的旅游类、美食类产品。从这个方向往外扩，有两个思路：一是同类产品，同城，除了和单位是明显竞品的避免不必要的麻烦外，都可以销售；二是，同类产品，她可以卖北京自家酒店的，作为南京人，她天然有卖南京特产的优势，可以去卖南京特产。

举个例子，琳琳卖单位端午节的粽子礼盒，也能卖家乡的盐水鸭，只要货源、品质、物流能解决。琳琳能卖单位合作的旅行社开发的八达岭、十三陵一日游套餐，也能卖古北水镇的门票，还能卖秦淮河游船的票。这件事如果做得好，琳琳可能因为销售业绩突出，货源、渠道丰富，宣传文案写得好，客户维护得好，不但能增加收入，还能帮助她在单位主业的发展。

从长远看，琳琳最该投资的副业方向是瑜伽和买卖房子、装修的经验变现。

继续做微商，我建议琳琳，卖和瑜伽有关的课程、书、装备，比如瑜伽服、瑜伽垫、瑜伽砖，这需要琳琳加强这方面的人设塑造，让所有人觉得她就是瑜伽的获益者、代言人；加大投资，学习、培训、考证；让自己更专业，扩大与此相关的人脉，参加瑜伽论坛、群、沙龙；等等。这是一个长期计划，我们之后再具体讲解它的规划。

琳琳对装修的直觉很好，又一直在星级酒店工作，有培养审美的环境。做微商，她可以推荐一些单品，并现身说法，自己用过哪些，听过哪些专家的意见，这件单品后来成为房间点睛之笔。甚至可以尝试一下从免费开始，给身边的人提供装修意见，如果有软装的机会练练手，也许有一天可以做软装师，做民宿的设计、策划。

疫情是我们共同的经历，这里用琳琳的案例抛砖引玉，希望为你的"六维优势画像"分析，以及副业方向选择，带来一些参考和启发。

1.3 发现优势第三招：最有发言权的事

“全职妈妈”在当今时代已经相当普遍，职业队伍也日渐庞大，根据《2019年度中国家庭孕育方式白皮书》调查显示，中国年轻群体成为全职父母的比例正逐渐升高，占比超过58%，其中“95后”的全职妈妈更是达到了82%。你知道吗？超过60%的全职妈妈拥有“副业梦”，但只有35%的宝妈把它付诸了行动，而行动者中又有多少人能把副业做得游刃有余呢？全职妈妈做副业并没有想象中那么容易，方向、项目选择以及精力管理都需要有的放矢地筹划，如果你即将加入或者已经加入这个行列，相信这里的案例会给你的生活带来新的启发。

沾沾，是一位全职妈妈。

怀孕后不久，她就辞了职。生完孩子后她本想再找工作，但家里需要人，老公挣得也不少，她一歇就是5年。从去年开始，老公所在的外企业务量减少，从天天加班到不再加班，从很忙到渐渐不忙，老公回家时不免长吁短叹。

一次，老公对着信用卡账单嘱咐沾沾以后要省着些花。当听到沾沾说手机丢了，要再买一部时，他忍不住说了沾沾几句，把多日来怕裁员、怕失业的郁闷和盘托出。之后老公再长吁短叹时，沾沾便再也坐不住了，她开始琢磨如何增加家庭收入。

如何增加？沾沾不是一个盲目的人，她仔细思考自身的优势、劣势。劣势，不用说，脱离社会已久，朝九晚五不适应，家里也离不开人。至于优势，沾沾按照“六维优势画像法”做了如下分析：

第一个维度，身份。她的主要身份，是一个时间相对自由、在家待了5年的全职妈妈。这意味着，全职妈妈的需求她都懂：“就想孩子更好嘛！”

第二个维度，经历。在家做全职主妇前，沾沾最重要的经历是做过和销售有关的工作，从这份经历提取出一项专业技能，即会分析数据。

兴趣方面，沾沾最大的兴趣是读书，从前做学生时她就以爱读书、手不释卷闻名，当妈妈后，沾沾为孩子挑书、读书，多久都不会烦。

人脉方面，沾沾交往的圈子不大，以熟人为主，以妈妈群为主。

沾沾自认为，她有个优点，就是善于做计划，执行力还很强。至于别人给她的评价，大多是亲和力强。

“我能做什么副业呢？”沾沾思考着。以上画像肯定不够，于是沾沾捡起数据分析的技能，从他人正面评价入手，也就是分析朋友圈数据，比如，发什么样的朋友圈点赞率最高，评价最多，不仅强联系的人会主动回复，弱联系的人也会冒出来。可见这样的话题吸引人，她说得好，说得有趣，有说服力，为对方提供了价值。

分析后沾沾发现，她最受欢迎的朋友圈是关于童书的推荐，这件事她很有发言权。

沾沾选书有自己的方法，比如童书，她会找那些获过大奖的书，尤其是获过国际大奖的。电视上有教育专家、知名作家推荐童书，她会第一时间买来，和孩子一起读，研读后发表读后感。沾沾还有一个独门秘籍，生活中、微信朋友圈中，凡是三个不同的家长提到了同一本书，她一定要找到它，让自己的孩子读。沾沾的理由是，孩子也需要社交，不能和小伙伴没有共同语言。

所以，沾沾决定以童书作为突破口，开始做副业。

沾沾列出详细的计划，按以下流程开展：

第一步，先找阅读类、儿童类网站和相关 App，注册账号，发表自己关于童书的短评。第一波发布的短评内容，实际上来自她过去的朋友圈。

渐渐地，开始有出版社、App、网站联系沾沾，愿意免费给她样书，有时就是新书试读，让她做第一批读者。他们约沾沾写书评，大部分是没有收入的，但借此沾沾和他们取得了联系，这些出版社、App、网站的营销人员基本上都成为沾沾的微信好友。

随后，沾沾加入各种阅读群、童书群，很快成为群中的活跃分子。由于和童书出版单位有联系，每当她推荐一本书，许多人表示想读，她就会和出版单位联系，谈折扣，赚差价。

这之后，沾沾开始建立自己的公众号，自己的童书群，第一批入群的很多都是她的微信好友，其中一位表示："亲爱的，我平时只给你点赞，没和你聊过天，但看你天天发布怎么教孩子读书，你怎么挑书的，觉得你特别专业，我相信你！"持类似说法的人有好几位。

沾沾每周会在她的童书群领读一本童书，她还通过定期抽奖的方式把得到的赠书作为奖品送给群中的妈妈，对获奖者只有一个要求，就是将她的童书群和公众号的海报张贴到各自的朋友圈中。与此同时，沾沾在朋友圈中开始晒各个时间节点她取得的里程碑式的业绩。比如，“某本童书团购，一小时卖了1000册”，她会晒出来；比如，“今天，第五个童书妈妈群建立了！”，她会晒出来；比如，她的群偶尔能请来童书的作者录个简短的视频向群友问好，也会晒出来。沾沾还干脆把微信名改成“童书妈妈·沾沾”，这样辨识度更高了。

沾沾的副业不到一年就做起来了，不但没有耽误她带孩子，还帮助她成为更好的妈妈，没有让她花费更多力气。这是她擅长的方向，不过就是多些经营和策划。

让沾沾没想到的是，一天有人来找她开展新的合作。来者何人呢？是儿童剧的制作方，他们希望和沾沾一起，做一波童书加儿童剧门票打包销售的新年大礼包的营销活动。

这单合作沾沾接了下来。她现在思考的是，业务拓宽了，微信名要不要改一改？

从童书妈妈做起，沾沾开始向一切和儿童相关的领域进军。

沾沾最大的优势是什么？是全职妈妈的身份，是对童书有近乎专业的研究，是数据分析的技能、善于做计划、把朋友圈当作精准种子用户群培养。

如果你恰好也是一位全职妈妈，或者正准备成为全职妈妈，这个"全职妈妈"身份本身就是你的一种优势。在做妈妈的过程中，你对母婴、亲子等领域越发熟悉和专业，再结合你独一无二的个人经历、所学专业、兴趣、人脉圈等优势不断延展，就能画出一条特别适合你的，别人无法复制的全职妈妈副业之路。

2. 你离用优势换钱还差四把钥匙

2.1 第一把钥匙：找到个人标签

我们每个人都代表着某一类人，当你把自己研究好、研究透，就能搞明白你所代表的那个庞大群体。更何况，你除了是同类的代表，除了和他们有共性，你还有个性、有特长、有专业技能、有特殊的爱好，等等。这个多维的你，就是你最大的优势。

可是光有优势还不行，在优势和变现之间还有一扇带锁的门。正如一个人的书法很棒，字写得好，可是离用字换钱还有一段距离。

所以，接下来我们聊聊如何用一把“优势变现专属钥匙”，亲手打开变现之门。这把专属钥匙什么样？有哪些独特之处？用它打开变现之门，你会看到哪些惊喜？我们马上一一揭晓。

我们以刚刚说过的“用字换钱”为例。

如果这个人想用字换钱，他就得考虑：

什么样的内容，哪种字体，更容易找到实力买主？

这些实力买主都分散、聚集在哪里？

写在什么纸上，要不要装裱，装裱哪种风格，更能吸引他们的眼球？

自我介绍中加上哪些头衔、职称、名人推荐，会让他们觉得，"这太有收藏价值了！"

而按什么标准定价，定价多少，又会让他们觉得，"这幅字一点儿都不贵，特超值，我买赚了！"

表面上看，优势和变现之间的距离，是一手好字和把字卖出去、挣着钱之间的距离。但真正的本质距离，是你的优势和买方市场之间的距离。也就是说，要想顺利实现优势变现，你还需要把买方市场吃透。

而这把"优势变现专属钥匙"，就是教你如何精准匹配买方市场需求，吸引买主，快速拿下他们的关键。

为了更高效地使用这把钥匙，我对它进行了拆解，从中提取出 4 个关键要素，分别是个人标签、路径、产品和路线图，以便你在开启买方市场之门时，能严丝合缝，快速转动，迅速进军并顺利变现。

下面，我们就分别来学习、掌握这 4 个关键要素。

先说第一个关键要素，个人标签。

个人标签，就是你人设的关键词。这人设，要和你最想变现的优势、要做的副业绑定。而且，你之后所有的行动都要围绕这个标签进行。这么做的目的，就是让别人想到你时，就想到这几个核心字眼；想到这几个核心字眼，就想到你。这种双向联结、双向自然联想，能帮你稳胜同行、竞争者。

比如前面提到的全职妈妈沾沾，她的个人标签是“童书妈妈”，当朋友们想到沾沾，就会想起她的书评和童书推荐；当朋友们想到童书推荐和购买，自然也会优先想到沾沾。这个标签给沾沾的童书事业带来了莫大好处，不仅省去了不少营销推广精力，节约了大笔广告费支出，还形成了一批稳定粉丝、客源。

可能你又要问了：如果我目前还没有明确的副业目标，也不知道什么样的个人标签适合我，怎么办？

还记得“六维优势画像法”中最后一个维度“评价”，分为自我评价和他人评价吗？去研究他人对你的正面评价，特别是大多数人提起你，马上就会蹦出的那几个字是什么？那几个字，就是你已经形成的潜在个人标签。

这么说吧，如果别人一提到你，就会想起“美女”这个词，“美女”就是你的标签。注意，是真的美、素颜美，不是美颜相机自拍呈现出的那种状态，也不是一个称呼。有了这个标签，选择与“美”“变美”有关的一切方向做副业，和你都是契合的。

再举个例子，一位医疗器械销售人员，每当熟人向陌生人介绍他，除了现有的身份都会再补充一句：“他以前是棒球运动员哦！”那“前棒球运动员”，就是他职业身份以外另一个十分显著的个人标签。如果有一天他打算做副业，就可以利用这段经历和这个标签，去做棒球周边，或者去非职业团体教棒球，都是毫无违和感的。

所以说，要想让我们已经形成的潜在个人标签浮出水面，我们可以借助“六维优势画像”中“他人评价”的力量来呈现、放大。在前面的内容里，我们聊过分析自己的朋友圈，分析什么样的内容最受欢迎、点赞率最高，其用意也是如此。借助他人的眼睛，发现多面体的自己身上那个最闪耀的点，把这个点作为个人标签和副业方向去发展，效率和成功率都会非常高。

讲完如何找到个人标签，接下来还有一个你特别想弄清的问题，那就是：现在我身上的职业标签和我即将发展的副业标签毫不相干，甚至有很大的反差，怎么做才能让大家对我的“副业标签”感兴趣，并尽快形成双向自然联想呢？

这里有一个方法，我把它叫作“A+B 阶段过渡法”。

也就是说，如果你的目标标签是 B，但目前人们对你的认知标签只是 A。你可以先树立一个 A+B 的联合体标签，等 A+B 深入人心，再单独凸显 B，并找机会让 B 起飞。

以脱口秀演员亮亮为例，当初他的第一身份是英语教师，“英语教师 A”是人们对他的认知标签，但亮亮的目标标签是“段子手 B”，于是，他先在朋友们中树立起 A+B 的标签，即爱说段子的英语教师。这个组合标签，就很有趣、很独特，也很吸引人。

从英语教师，到爱说段子的英语教师，再到段子手，亮亮完成了他的第一次标签过渡。

从段子手，到业余脱口秀演员，再到职业脱口秀演员，亮亮又完成了他的第二次、第三次标签过渡，以及整个职业生涯的转型。

另外，我做编辑的时候，遇到过一位广告界的大腕，我们称他何先生。何先生也是用了这种方法，顺利实现了个人心愿。

何先生对中国古代军事有独到的见解和很深的情结。他给我一本书稿，详细解读了三十六计。但是此前，何先生的所有个人标签都和军事、兵法、经典解读毫不沾边。我告诉何先生，你要是就这么出版，只能自己出钱，强转为古代兵法的研究者，毫无铺垫，市场、读者都不会认可你。

何先生的本职工作做得很棒，在他那个领域，他的名字就意味着传奇，他想发展的副业——做古代军事研究方面的作家、研究者，其实是出于心理补偿，也就是感兴趣，想要变现富余资源。什么富余资源呢？我看了稿子，何先生对三十六计的解读确实下足了功夫，在讨论中，我发现，何先生在实际生活和工作中，已经将三十六计运用娴熟，包括他管理团队，做出的业内出名的成功案例，都用上了他在古代军事研究中汲取的养分，他从事副业，就是想把这些养分、他的心得、方法论与大众分享。

因此我们决定，先为何先生树立 A+B 的个人标签——"广告人中最懂兵法的人"。让何先生先以广告人的身份写一本广告人如何从三十六计中找到创作灵感，管理团队如何从三十六计中借鉴经验的书，在宣传中也着重强调广告和兵法的结合。当何先生的 A+B 个人标签成立，深入人心，再抛开广告，只谈兵法。

无数事实证明，"A+B 阶段过渡法"在我们做身份转换、职业转换时十分好用，低成本、无风险。

2.2 第二把钥匙：找到路径

掌握了提炼个人标签、转换个人标签的技巧，我们再来看看“优势变现专属钥匙”里暗含的第二个关键要素：找到路径。

路径，就是你落实副业变现的具体途径和方法。为了让副业完美落地，建议你从以下 5 个方面做准备，分别是人、财、物、地、时。

人，主要是指领路人、老板、团队，以及竞争者和购买者，并找到他们的渠道和方法；财，主要指计算清楚预算和回报率，如果涉及筹款，要选好筹款方式；物，指所需物资和相应的获得渠道；地，则是落地的平台或实际地点，需要你具体谈判；时，更多是指落地时机，需要你筹划。

我们以“广告人中最懂兵法”的何先生为例，来看看他是如何为变现路径做准备的。

在"人"方面，何先生要找到能帮他树立"广告人中最懂兵法的人"标签的工作人员，比如我；还需要找到愿意听他讲兵法的第一批种子用户，比如他原有广告业的同行。

在"财"和"物"方面，何先生需要准备宣传和营销费用。

在"地"方面，他需要选择出版平台，线上和线下宣传、讲座等平台。

最后是"时机"问题，通过商议，何先生选择以出版第一本《广告和三十六计》为起点，作为进入该副业的最佳时机。

除此之外，他还要设置阶段性目标和对应的时间点。比如，何先生现在45岁，他打算在60岁之前，以一年一本的速度，出版15本和古代兵法有关的书；从第三年开始扔掉标签A，只做B。同时，一年要做与之相关的30场讲座、训练营。

相信你已经发现，"人、财、物、地、时"，只是路径的入口，它真正的核心，是找到解决、落实"人、财、物、地、时"的办法。当然，办法因每个人要做的事、个人背景、所处环境、拥有资源不同而各有不同，还需要你有针对性地盘点、筹划。

2.3 第三把钥匙：找到产品

什么是产品？也许你会说，很简单嘛，就是我做副业要卖的货。

也对，也不全对。

产品分两种。

第一种，以营销为首要目标，不能直接变现，但它能为变现做准备，我们称作第一产品。

第二种，销售是唯一目标，可以直接变现，我们称作第二产品。

举个例子，四川绵阳的“90后”女孩李子柒，以拍摄美食主题、田园生活风格的短视频流行于各网络平台。

李子柒常做古风打扮，在短视频中，李子柒显示出娴熟的劳动技艺。她会砍猪草、锯木头、钓鱼、酿酒、酿造酱油、腌腊肉……李子柒不是能做各种各样的好吃的，而是似乎没有她不会做的美食。

2019 年 1 月，一篇名为《李子柒也是文化输出》的热文中，有这样一段描述：

李子柒是美食类自媒体的典型代表，她从美拍平台起步，通过微博的流量发力，成为知名美食视频博主， 被誉为 2017 年“第一网红”，直到 2020 年仍然热度不减。作为野食系短视频的成功典型和“古风美食”视频的开创者，李子柒旗舰店 2018 年 8 月在天猫上线，主打美食产品销售，截至 2019 年 12 月，天猫平台订阅数 283 万人。

你看，李子柒是不折不扣的“网红”，“中国故事”“古风美食”是她的标签。

短视频是她出现在大众面前的方式，为她赢得高人气。

但真正让她变现的是她在天猫旗舰店上架的各种食品。这些食品和李子柒的人设契合度非常高，很多食品都在她的短视频中出现过。比如，其中一款辣椒酱，是李子柒和故宫联名制作的，取名为宫廷苏造酱。在短视频中，辣椒酱制作方式独特，拍摄唯美，令人垂涎欲滴。这款辣椒酱同时也在天猫店销售，即便售价比同类产品高得多，月销量还是达到了6万瓶。

美食视频是李子柒的第一产品，带来流量，带来大众关注度；以辣椒酱为代表的美食，是她的第二产品，直接变现。

同理，一些游戏主播，以技术、解说能力拥有这一领域的大量追随者后，会在游戏直播中卖肉松饼。有一则新闻，一个游戏主播，仅靠卖0.5元一个的肉松饼，一年之内买了一辆玛莎拉蒂。游戏直播就是这些主播的第一产品，而肉松饼就是他们用来将粉丝、流量变现的第二产品。

那问题也随之而来：我们该如何找到自己的第一产品，来为第二产品的销售做铺垫、带节奏呢？

要解决这个问题，我们得先考虑：我要做的事，是不是真的需要两种产品，比如，我要把“擅长写推广软文”这个优势拿去当副业，就不需要特别准备第一产品，直接找到软文需求方就可以了。

如果我们要做的事需要第一产品，我们就再去寻找它。

怎么找到第一产品呢，我给你5个建议——

（1）通过对标

也就是参考同行或有共同点的其他行业的从业人员是怎么做的。他们是用哪种方式扩大影响，招募粉丝，获取关注的呢？

（2）通过第二产品倒推

有时候，我们会先有货，即先有第二产品，为了更好地变现，才去思考怎么做第一产品。

这时，你需要做的就是通过第二产品倒推。比如，你也有一款辣椒酱要卖，先要想：谁会买单？这部分用户的共同点是什么？获得他们关注，最有效的方式是什么？如果学李子柒，那么我用什么样的主题？是不是也用短视频的形式？在什么平台发布？节奏、营销方案呢？

（3）通过目标用户倒推

把我们在“六维优势画像法”中提及的人脉优势拿出来。

你来往最频繁的圈子，你最想变现的人群，已经有了。琢磨他们的需求，琢磨他们最喜闻乐见的方式。

（4）找到自己的粉丝池

你最容易交到陌生朋友的地方是哪里？去那里，先把流量做起来。

用“六维优势画像法”中的兴趣优势、评价优势，放大你容易令人眼前一亮的点，想一想，在哪种情况下，总有陌生人加你为好友。

你也许会说，我平时就没什么接触陌生人的机会，就是上班、回家，两点一线。

网络时代，什么不可能？再说，有时我们的主业也可以成为带动副业的粉丝池，同样一批人，变现两遍。

比如，前两年我去台湾旅游，见过一个导游，叫木木，30 多岁，是位男士，亲切、体贴，所有游客都被他加入他的微信通讯录中，所有人在跟团游结束后，都被他邀请进一个大群。

带团是导游木木的主业，也是他的第一产品，但不是他收入的重要来源，只是结交陌生人，得到精准用户的方式。

这位导游的副业、收入的大部分来源，是在大群中销售台湾土特产，台湾土特产是他的第二产品。

（5）目前最流行及人们最常规使用的方式

微博时代的微博，微信时代的公众号、朋友圈，短视频时代的抖音、快手，等等。

这些人人都知道，所有营销动作都绕不开的第一产品形式，一定要做功课。

2.4 第四把钥匙：找到路线图

上一节我们主要谈了“产品”要素，以及其中的第一产品和第二产品的概念，还谈了如何找到第一产品的方法。接下来我们继续讲讲，如何找到自己的第二产品以及最后一个关键要素——路线图。

第二产品，就是你要卖的货。关于如何找到第二产品，我给你 3 点建议：

一是，通过现有用户，找到他们的需求，按需求找到对应的产品。

二是，选择和你的个人标签相合、第一产品相合的产品。

三是，确保全程可控，这也是最关键的一点。

还记得我们之前提到的酒店工作人员琳琳吗？

她确定的长期副业方向，包括卖旅游类产品，就是通过她现有的圈子，可以变现的用户倒推的。

她的通讯录中，除了基础交往对象，生活中要打交道的人大多是她在酒店接触到的顾客。因此，打折机票、本城旅游套餐、就职酒店的其他优惠产品，都可以变成琳琳将这批用户再次变现的第二产品。

就职酒店的优惠产品，琳琳在酒店工作，了解情况，自然可控；其他的，只要解决打折机票和本城旅游套餐是否靠谱这个问题，就万无一失了。

第二产品找到了，你心中又会生出一些疑问，就是第二产品具体选择的问题，比如：

我还是不太清楚，我的种子用户群具体需求是什么？

我也不太明确产品是否和我的个人标签相合？

我现在能迅速拿到货的产品，和我个人毫无关联，怎么办？

别着急，我也为你准备了简单又准确的选择方法：

对于第一、第二个问题，也就是种子用户群的具体需求，以及产品与个人标签契合度的问题，你可以去试，在种子用户群中小范围内测试，卖几次你就能看出，你是卖文化用品时买单的多，还是卖奶粉更合适，或是卖食品、卖衣服，人们更容易接受些。

至于第三个问题，产品和个人毫无关联的问题，我建议你在可选择的范围内，尽可能挑和你个人标签相合的产品。

如果实在没有货源，就要在文案上，在个人标签树立中，将你与这件货相关的部分抽离出来，逐步放大，最终建立你来卖这件货的权威性。

现在，做微商的人蛮多的，如果你打算从事副业的方向恰好也是微商，但一开始不知道卖什么，我则推荐你先卖——你天然容易获得信任感的产品。

把你的“六维优势画像”拿出来，看一下身份、专业、经历的优势分别是什么，它们就是你天然容易获取信任的基础，也是个人标签中浑然天成的那部分。

比如导游木木，他人在台湾，卖台湾土特产，籍贯就是他的天然优势。事实上，人人都可以以籍贯为优势，土特产人人都能卖。你的老家在哪里，有哪些土特产呢？

又如代购，人在国外，或经常去国外，长期“战斗”在品牌第一线，就是天然优势。

我个人在出版社工作过10年，我的专业就是读书。我如果做微商，书是我最可控的产品，因为我很了解。同时我又有身份、专业、经历三重优势，我唯一要提前做功课的事，是研究一下我的微信好友中哪类读者居多，我要挑选适合他们的产品，也就是书。

举个反面例子，许多人从事副业、卖货时，并没有意识到自身的天然优势。

我们刚才提到李子柒和故宫联名的辣椒酱，一个月卖出6万瓶，故宫为她加分了。我有一个在故宫工作的朋友，房贷压力很大，他一直在寻找适合他的副业。有一天，他在微信上向我推销红酒，我非常吃惊，因为红酒和他似乎毫无关联，在我的印象中，他滴酒不沾，更不用说对酒有研究了。没有第一产品的铺垫，也没有天然优势，和个人标签又无关，我的这位朋友选择红酒作为第二产品，据我所知，只卖出一瓶。

有一天，我就问这位朋友，你作为故宫的工作人员，为什么没想过卖点故宫的周边，比如文创呢？故宫就是你的天然优势。

那时，故宫刚开发出一个系列联名款口红，预售就秒空，我也抢了，但没有抢到，我相信，如果我的这位朋友在朋友圈卖故宫口红，大家会第一时间付他定金。

教你一个技巧，在天然容易获得信任感的产品中，你的拳头礼物可以成为突破口。

所谓拳头礼物，就是你最有发言权的物件。你平常送的礼物中，哪样最受欢迎？

你是一名专业人士，在你专业领域适用于普通人的单品，可以拿来做你的拳头礼物。

皮肤科医生自留的面膜，时尚博主送的耳环，茶馆老板选的茶叶……均在此列。

你虽然不是从业者，但对一类事有研究；与之相关的物品你比一般人有发言权，也可以拿来作为拳头礼物。

举个例子。

你是办公室白领，总是伏案，颈椎、腰椎不好。

你经常出差，高铁、飞机一久坐就引发疼痛。

疼痛在你怀孕时曾达到顶峰，那时，你躺着、歪着，都不能缓解。

你日常最需要的是一个好枕头，不止一个枕头。睡觉用的，旅行用的，靠着用的，孕期用的……

为了找一个好枕头，你考量了诸多电商平台、微商卖家、实体店；你买过许多枕头；从材质到形状到用途到品牌到产地到人生各阶段所需，枕头这件事，你做足功课，研究透彻，不经意间成为这方面的专家。

于是，枕头除了满足你的需要，已经可以成为你的社交利器、拳头礼物。

送普通女性带真丝枕套的枕头，能防止皱纹出现。

送孕妇结实有力的侧卧枕，像一个怀抱。

送同龄人你用过最好的颈椎枕，一般来说，不会出错。

你在有足够的时间时，自己用荞麦、决明子或蚕沙装过枕头。

你对枕头的高、中、低档了然于心，也就能合适地发送给不同层次的收礼人。

在社交场合，你用枕头社交，枕头成为你的拳头礼物，如果做微商，它就是你首选要卖的货。

搜索、排查一下，你曾经在哪些事上下过功夫，仔细研究过，最有发言权？

你送出去的礼物，哪些是频率最高、评价最高的？

关于产品，我们总结一下，一些副业，是需要第一产品和第二产品的，用第一产品引流，用第二产品变现。

从事副业前，我们要思考，这个行业，可以直接卖货吗？

如果不可以，我需要先找到什么样的第一产品。

而直接要卖的货，从你天然有优势的产品，尤其是你的拳头礼物开始，成功率会更高。

讲完产品，我们要来看“优势变现专属钥匙”中的第四个关键要素——路线图。

路线图，就是可行性计划。是找到个人标签 + 路径 + 产品后，将它们综合起来，有确切时间表、工作量，有预算、阶段性目标、KPI 考核的一份地图。

你按着地图走，从现在开始，要做什么，去找谁，每一步都会发生什么，心中有谱。

路线图中，个人标签是起点，也是终点。

路线图中，最重要的是路径和产品。

2.5 用猫赚钱的故事

其实，制订路线图，就是制订可行性计划的具体执行方案，是找到个人标签 + 路径 + 产品后，将它们综合起来定下终极目标，再把终极目标拆解成一个个阶段性的小目标，并定好各阶段的工作量以及精准的推进时间表。同时，还要以费用预算和 KPI 考核两个重要标尺，来监督计划的执行情况。

这份计划拟定起来可能十分耗神、耗时，但当你把拟好的路线图捧在手里，从当下这一刻开始，你要做什么，该去找谁帮忙，在接下来的对接中、下一步操作中，可能会发生什么事、遇到哪些坎儿，你心中都会特别有谱。为什么有些人做副业能收获幸福感，能达到精神、财富都自由的状态，有些人却效仿不来？实际上，这很大程度上取决于我们做副业的效率，以及我们对所做的事有多大的掌控感。

下面我们在一个真实案例中解构一份副业路线图，以便我们更具体地感知“到底什么样的路线图是高效又富有掌控感的”，之后再去设计、优化你的专属副业路线图就会更顺利。

灰小白，女，大学毕业两年，在国企上班；男朋友陈晨是一家事业单位的工作人员。两人在北京朝阳区租住了一个一居室，单纯谈谈恋爱还行，但凡要考虑结婚、生孩子，给孩子一个安稳居所，或者想给生活加点彩以及毫无畏惧地应对风浪，如果没有双方父母的资助，他们根本做不到。不说别的，仅仅一居室的房租就已经占去两人一半的工资。

必须得增加收入了！可怎么增加？灰小白想了很多办法。

比如，她在朋友圈卖过脐橙，但被领导看见了，说她不务正业，而且她跟脐橙产地八竿子打不着，所以从她朋友圈下单脐橙的人没多少，销量惨淡。这和我们之前讲过的琳琳特别像，单身人士卖纸尿裤，跟个人形象毫不相干，注定结局悲惨。灰小白的一位闺密为了支持她的脐橙事业，买了一箱脐橙，可是收到时一半都烂了。灰小白对着闺密发来的烂橙子照片，感到既惭愧又懊恼，她赶紧发红包过去，退钱、赔罪。这种完全不可控的产品，不仅让灰小白没挣着钱，还亏了不少，最后还伤了闺密情分。

走过了销售实物产品的坑，灰小白开始尝试代人写文案，可是她上班就是写各种材料，下班还要写，而且每次写得都不一样，买主还不一定满意。更要命的是，文案随时要修改，有一次催稿电话响起，而灰小白正在单位开一个重要的会，根本无法接，等她再回过去，响一下对方就拒接了，再看微信，她已经被拉黑。看来，富余技能换钱这种方式也不是那么好做的，副业还没怎么样呢，就和主业冲突了。

两次副业失败的经历，让灰小白决定重新盘点自身的优势，到底从哪个优势下手，做什么副业更合适？

先从性格和兴趣爱好的优势开始盘点，说来也巧，就在这两点上，灰小白就发现了一个特别有价值前景的突破口。

灰小白最大的性格优势就是亲和力强，一副乖乖女的样子，人们总是一见到她就会信任她，这样的性格一般适合做服务行业，像营销、客服等。

灰小白的唯一爱好是养猫，她养了两只猫，关于猫的一切，她都自认为很专业。她圈子之外的朋友，也大多是猫友，他们甚至有个群，群的名字就叫“铲屎官小组”，自然，铲的是自家猫主子的。灰小白上下班要打卡，在单位的时间被锁死，但朝九晚五，她是真的17点就下班，17点后的时间、周末的时间都是自己的，几乎不加班。这一点，男朋友陈晨的情况和她相同。

那有没有和养猫有关，在非上班时间能做的副业呢？这一天，正好陈晨买了一把推子，给猫剃毛用的，推子很贵，好几百块钱。灰小白灵机一动，马上上网去搜有没有上门剃猫毛的服务？——如果这事我能做，不就是综合了我的亲和力优势和养猫的兴趣优势吗？

说做就做，一面让陈晨拿自家的猫练手，另一面，灰小白开始设置阶段性目标，设计执行方案。先要做个市场调查：在养猫人齐聚的陌生人论坛，灰小白调查想给猫剃毛的人有多少，自己不会剃，想找人剃的人有多少。

她设置的初期副业目标不大，只要能把剃毛器的钱赚回来就行。如果这个目标能实现，那第二步就是把猫粮、猫砂的钱挣回来，以猫养猫。如果第二步的目标再能实现，是不是养猫人的口粮，也就是她和陈晨的饭钱、生活费也能挣回来呢？三步走的目标确定，陈晨已经用自家的猫练完手，开始向“铲屎官小组”的其他猫友免费提供服务了。

这些猫友也是灰小白调查的对象："目前免费，如果收费，你们能接受多少钱一次剃猫毛服务？"好，价钱也据此确定了。

全新的副业突破口算是找到了，产品也定位好了，就是剃猫毛服务，显然这与变现还差一段距离，她还需要找到个人标签、路径，并设计好路线图。

个人标签怎么办？"人、财、物、地、时"中的人——客户去哪里找？总不能只做熟人生意吧。灰小白很聪明，她做了四件事。

去微博注册，微博上的灰小白，就叫"专业剃猫毛师"。她上传了许多陈晨剃猫毛的照片，不只自家猫，还包括免费提供服务、练手的那些猫，都变成了他们的活招牌。而后，她想办法加V，取得官方认证。

灰小白在微博上搜关键词，比如"猫""养猫""猫毛"等。她给自己规定任务，每天关注10个陌生的养猫人，在他们的相关微博下评论，有回应后发私信增强互动，比如"我很喜欢你的猫""如果想剃猫毛，记得找我哦"，争取也让这些人关注她。这批人也真的成了她的第一拨非熟人客户，而每一个养猫人都有自己的同好，一个客户找灰小白、陈晨剃过猫毛后，他的朋友自然会被引荐过来。

重新注册一个微信号，和微博同名，只用于剃猫毛业务，并把所有和该项业务有关的人，都加进这个微信的通讯录。灰小白每天发布朋友圈，今天又遇到什么样的猫，今天我家的猫如何，让这个微信号变成真正意义上的猫友俱乐部。

夏天无疑是剃猫毛的旺季，更何况猫毛掉得家里到处都是，很多人有类似的烦恼。“及时剃猫毛，很有必要”，灰小白在微博、微信朋友圈努力做这种宣传，她就是要让夏天成为做生意的旺季，但其他季节也要有单可做。

你看，简单四件事，灰小白已经把“优势变现”的四个关键要素完美融合了，并绘制好了一张副业路线图。

优势变现的第一个关键要素“个人标签”，她和陈晨在副业的初始阶段，注册微博、加V时就树立好了，也就是“专业剃猫毛师”。

第二个关键要素“产品”，她先有第二产品“剃猫毛”服务，然后倒推第一产品，倒推路径。

在第三个关键要素“路径”中，对于“人、财、物、地、时”，灰小白首要解决的是“人”和“地”，即去哪里找客户，在哪个平台发布自己的消息。

在第四个关键要素，绘制路线图中有明确的递进式目标：赚回剃毛器的钱、赚回养猫的钱、赚回生活费。有具体的分工和执行计划：灰小白负责外联、营销，陈晨负责具体执行技术性工作。他们先通过微博、论坛、熟人推荐，让所做之事口口相传；再让微博、论坛、微信朋友圈成为发布消息的平台，在其中互动、传递业务知识、做售前售后服务，以此打造他们的第一产品，为第二产品“剃猫毛服务”引流。两人在下班后或周末，一起去客户家剃猫毛时，也是灰小白和猫主人聊天、攀交情，陈晨干活。

其实，在实现第三个阶段性目标“赚回生活费”时，灰小白就发现生意比她想象的要好做：当她的微信号聚集了2000个养猫人后，卖和猫有关的一切，都可以成为她的副业发展方向。这时她实现了产品升级和范围扩大，“剃猫毛”反而成为第一产品，用于引流、吸粉，第二产品变成了猫罐头、猫砂、猫粮……因为懂，所以可控。猫罐头、猫砂、猫粮，曾是灰小白的拳头礼物，而今变成了拳头商品。

找到了个人标签，并不断强化；找到了第一、第二产品，并不断迭代升级；找到了路径，并解决了“人、财、物、地、时”；最后绘制了路线图，并认真按计划去执行。灰小白这一次的副业，终于开展得井然有序，开心稳赚。可以说，灰小白最后是得益于那张表格，才让她获得了对副业的掌控感；在按表格执行的过程中，体验到了十足的副业幸福感。只要你照着做，这种美妙的感觉，你也可以拥有。

赶紧去绘制属于你的副业路线图吧，愿你手捧表格的那一刻，激情燃烧。

2.6 写字换钱的故事

前面说了那么多别人的副业路线图，这节我想聊聊自己，聊聊我的副业路线图。

以我在2013年出版第一本书为例。先介绍一下我当时的情况：2013年初，我已经在报纸、杂志上写了很多年的专栏，副业的个人标签非常清晰，那就是“作者”，我要面对的核心问题是升级，一是升级个人标签，二是升级产品。

个人标签，要从“作者”升级到“作家”，这条路我才能一直走下去；产品呢，得从一篇篇散见于各大报刊的文章，变成一本本图书，而且特别需要有一本叫得响的书，才能帮助我完成个人标签的升级。

个人标签、产品、路径这三者，我要解决的是路径，怎么解决？

2013年的春节假期，我思来想去，大年初一的晚上，我夜不能寐，披衣起床，先确定了年度目标：出一本书。第二天，我就把写过的文章进行了整理和分类，一共30万字。10万字能成一本书，我就把稿件分成三本，同时写好作者简介、内容梗概，为每本书的初稿编了目录，还在目录下写上我认为适合的定位和营销文案。总之，我做成三个资料包，在电脑里专门设了一个文件夹。

文件夹中除了随时能发给出版方看的资料包，还有一张Excel表，这张表就是我的副业升级路线图。表中我一共列出了40个人的联系方式、所属单位，特殊要求我还做了备注。解释一下，我的本职工作是在出版社做编辑，工作方向是做历史书，而我的写作呢？是文艺方向，所以即便方向并不一致，但我还是可以通过业务往来结识很多业内人士，请求他们来帮助我。

我仔细地筛选，在我认识的人中，有15家出版社的编辑和我的稿件内容相合，人靠谱，业务能力强，我将他们列出来。所谓特殊要求，就是对方的黄金时间、黄金话题是什么，非黄金时间、非黄金话题是什么。举个例子，一个黑龙江的编辑朋友周三下午一定要开会，我就会备注一下，周三下午绝不能找他。

除了这 15 个熟人，我在当当、亚马逊、京东上看图书排行榜，看排名靠前、和我方向一致的畅销书，这些书的出版单位有哪些，我把出版这类书的出版社名都列出来，用两个星期的时间把这些出版社编辑的联系方式找到，放在我的表格里。

此外，我再去看，之前在报纸、杂志上和我一起发表文章，经常成为纸上邻居的那些作者，他们如果出版过图书，是在哪家出版单位出的？我一个一个去研究，觉得某一个作者的某一本书封面很好，内容、排版也不错，就会直接找这个作者要与他合作的编辑的联系方式。

这张表格一共 15 个熟人、25 个陌生人，我用了一个多月才整理完成。所以，你看，想做出一个副业路线图并不是草草的在纸上列列就行，确实耗时、耗神，但拿着这份详尽的计划实施方案，后面的事就轻松多了。另外，共 40 个联系人，“40”这个数字是我刻意凑成的，因为全年 52 周，有效工作周一般就在 40 周左右，为了让我自己的目标可执行、不拖沓，我为自己设立的行动计划，就是在 40 个工作周内，每周联系一个人，这样我就能每周都围绕我的年度目标做事。这 40 个人，在表格中所呈现出来的信息，有单位，有他们作为编辑的代表作，有电话，有 QQ 号码，但为了联系方便，为了其他相关的信息，能精准发布到对方视野里，我把他们都加进了我的微信里。

2013年4月，我开始按照计划，把我的资料包，每周发给一个编辑。我当时的想法是，我带着我的作品，在精准目标前全部走一圈，没有漏网，就一定能有结果，因为这40个编辑是对口我这一类文字作品的、全国最优秀的出版人。如果所有人都退了稿，那肯定说明我的作品有问题，那就回来再写；可即便退稿，我听到了40家出版社最有用的意见，也比自己在家里闭门造车强，这不也是一种结果吗？

做到这儿，我已经确定好了目标，确定好了要找的相关人，准备好了资料包，但前期准备工作还没结束，我还得给自己做心理建设。

你了解自己的弱点是什么吗？我的弱点是，我很脆弱，我害怕拒绝。在逐一和40个人打交道前，我就知道，我最需要面对的是来自熟人的拒绝，因为那比来自陌生人的拒绝更痛苦。于是，我又优化调整了表格中联系人的顺序，将熟人和陌生人相间排列：我一个星期和熟人联系，一个星期再和陌生人联系。这意味着，被一个熟人拒绝后，我可以缓一缓低落的情绪，不至于耽误整个行动计划的进行。而在和每一个人联系时，我都会默念一句，“无情最无敌”。情，是情绪的情，即不管对方说了什么，我都要克服脆弱、克服难堪，零情绪地让事情推进。

除了心理建设，我还提醒自己要注意效率问题。我是怎么做的呢？在联系他人前，我会反复对自己说：“重要的谈话只有一次机会，即便是非常铁的朋友，真正重要的谈话也要公事公办，按做事的规范谈。”就这样，每次谈话前我都会想一下，还有什么遗漏，不要过度寒暄，赶紧进入正题。

2013年，我顺利完成了我的年度目标。事实上，在我的资料包发到第三个编辑时，也就是发给第二位陌生人时，对方就和我签了约。年度计划，在正式执行的第三周就完成了。是不是有些超预期？

你可能还会问我：“第三个人，你就达成了目标，那剩下的37个人，还要继续执行计划吗？”当然要！因为我心中明白，我注定要在写作这条路上走一生，我在干什么，需要让同路人知道，随时可能会合作；同路人在干什么，我也需要知道，关注了精准的人，就等于关注了精准的行业前沿信息。

可是这时，我已经不着急了，我的资料包准备了三份，其中一份签了约，年度计划已经完成，剩下的两个资料包，就是去做相关准备，和精准目标建立联系用的。事实证明，后续动作也没白做，因为我的第二、第三个资料包，后来成了我的第二、第三本书，而且，一直到今天，我的核心合作伙伴仍在这40个人中流动。

讲到这里，我的“出书副业路线图”就全部展示完了，我来做个小结：

先确定现实目标，以及现实目标中最需要解决的问题。我最需要解决的现实问题是个人标签和产品升级，必须得由相关人员协助我实现，所以，我得先确定相关人员有哪些，他们在哪里，找到他们后，再确定和他们交互必须要做的动作。

我仅以“副业升级”这一阶段性的小目标，向你展示阶段性路线图的绘制过程。如果你要达成的目标是一个又大又远的长期目标，不是一次性的，那你一定要维护好与之相关的人，因为下一个目标、下一次升级，你还需要他们。

我在做副业的路上，一直遵循一个指导思想：定好目标、个人标签、产品；更要做好、做细副业路线图。路线图上有时间轴，以及与其相对应的具体任务；有前期预算，更有执行中的KPI考核；有情绪上的自我观照、自我暗示等前期准备，更有合理运用各类资源的后期规划。我会复制这一指导思想，会复制这一指导思想下的具体操作，粘贴到我的其他副业中，粘贴给我身边想做副业的众多朋友们。

我想，这就是把副业做成功最底层的核心奥秘吧：不打无准备之仗，做小小的副业也要有战略性思维，一步一步稳扎稳打。谁能说，小小的副业不会成为我们的宏图伟业呢？

3. 用优势换钱的六个途径

3.1 拆书变现

从这一模块起，我们进入实战篇，我们会一起走进6个副业领域，用6个达人的具体案例展现他们是怎么借助优势，最终变现的；他们的路线图，有没有可以“抄作业”的地方。

然后，我们再巡视一遍市场上的副业，哪些没有门槛，人人可以做；这些副业中，出类拔萃的人物有什么特别的心法。

这一节，我们先来看一位读书变现的达人。

注意，这个案例中的人，我用的是化名。

李军在一个清水衙门工作，他在北京月收入一万元左右。说实话，很吃力，更何况福利分房没轮到他这拨。

自学生时代起，李军就有个外号，叫“李军门”，因为他酷爱军事、历史，是资深军迷，骨灰级历史爱好者。李军在大学辩论会上曾舌辩群儒，引经据典，出口成章。

人到中年，这些爱好看起来倒像是败家玩意儿，不说别的，李军买的军事、历史书，都是大厚本、精装，死贵死贵的，还占地方。70平方米的家，户型是三室一厅，本来就局促，还住着他们一家三口，用作书房那间，书架不够用，窗台上、书桌下、沙发下，堆得满满当当，连卧室的床下，李军都没放过，一句话，全是书。

书还不是最贵的消费。

一次，李军的妻子造访李军单位，在李军办公室的柜子里发现一排军装，两人第一次为李军的爱好正面发生冲突。

那些军装都是高仿，照着世界级战争中的真品做的，淘宝上价格不菲，李军买回来，根本就没敢往家里拿，只是放在办公室，时不时摸摸、看看，穿上在镜子前晃一晃，过过眼瘾。

用的钱呢，也是李军的一些补助，他瞒着妻子省下的私房钱。

发生正面冲突后，李军彻夜难眠，觉得一个大男人活到这个程度，实在是太憋屈了。

一面是现实的压力，房贷、孩子学费、生活费；一面是想起来就激情澎湃的爱好，要烧钱供着。有没有一种可能，让爱好养爱好呢？

对，你一定猜到了，转机来了。

其实，李军早就注意到，他常混的几个军事、历史论坛，有招募写手的消息，其中一些是公开张贴的，一些群发到站内邮箱中，李军就收到过好几次。此外，在论坛同好的群中，这些消息也隔一段时间就会出现，发布消息的人，还会发红包，求转发。由此可见，写手市场缺人哪！

李军把消息翻出来，仔细研究，分为几类：一类是招人写微信公众号的历史小故事；一类是招军事历史题材的编剧；还有的是招募写书评、书单，拆书的作者。

李军想了想，做编剧，他没戏，投入太大，对他来说是完全陌生的一个行当；写故事，如果有足够的时间、精力，他可以试，但不是张口就来，要做很多案头工作，一时半会儿也做不了，未来——比如退休后，倒是可以试试；对于他来说，就书说书，看样子更容易上手些。

他又花时间琢磨书评、书单以及拆书这些读书变现方式有哪些不同，结论如下——

书单，是整理同一个方向的不同的书，要列上每本书的书名、出版信息、内容简介，简介中要有这本书的亮点。书单对每本书的介绍，一般几十个字，最多不过 200 字。

书评，是评论一本书，你认为好还是坏，好在哪里，不好在哪里，书评的篇幅比书单长，通常在 1000~3000 字。

拆书，就是把一本书读薄，一本几十万字的书，用 8000~20000 字，把重要的情节、观点说清楚，语言要比原书通俗浅显、精要，让没读过这本书的人，看了你的拆书稿，获取精华，马上领会书中的重要精神，就像读过全书一样。

稿酬和篇幅成正比，篇幅越长稿酬越高。

稿酬和稿件的难易成正比，越经典，越是外行不容易看懂但想看懂的书，稿酬越高。

稿酬也和平台成正比，业内排名越靠前，粉丝越多，流量越大的平台，当然给的稿酬也越高。

李军确定以军事历史为方向，以读书变现做副业后，花了一两个月时间做市场调查。

首先，他将论坛招募写手的消息整理，又通过关键词搜索，找到更多相关信息，这些信息中，有的直接附有编辑的联系方式，李军把他们加为好友。

其次，他加入了几个同行群，拜了几位早入行的师兄，问别人的经验和对市场的考察、分析，得到很多指点。

再次，他把市场上几乎所有平台上和军事历史有关的书目、样稿都看了一遍，关注这些平台的公众号，下载App。

最后，李军把平台、联系人、稿件需求列了一张表，我们来看李军的表格——

李军把读书变现，尤其接受拆书稿的平台分为几档。

第一档，以得到、喜马拉雅、新世相读书会、微信读书为代表，稿酬高，标准也高，写一篇讲书稿，被采用后能有万元收入。

第二档，三五千元的收入，像中信书院、熊猫书院。

第三档，1000~3000元的稿费，像有书、樊登读书会、慈怀读书会等。

三档之外还有许多千元以下的平台，比如水木文摘和各个出版社自己的平台。

李军为求保险，从最后一档开始做起，他找到和自己风格类似，阅读趣味趋同的平台，锁定其中一家，重点攻破。

这是一家刚刚成立的平台，原创稿不多，编辑也愿意带作者，几乎手把手地教。与李军对接的编辑叫赵蓉，稿酬虽然不高，但赵蓉很有耐心，给李军的帮助很多。

接着，李军做了几件事——

确定个人标签。

他用于和读书变现有关的微信，网名都改为“李军门”。在各种同行群、约稿群中，强化这一标签，就叫“李军门·军事历史拆书人”。

李军准备了一份自我介绍，包括他的基本情况，如学历、年龄、主业等。强化他与军事、历史、读书三件事有关的履历，比如，他在军事论坛的粉丝数，某篇文章的阅读量；这份介绍是不断更新的，当他有了拆书的样稿，还附上样稿，样稿的发表平台、点击率。他还准备了一份自己整理的经典军事历史书单，发给相应平台的编辑时，会附加一句：这些书马上就能写。

怎么写，什么时候写。

是赵蓉教李军怎么写拆书稿的。

赵蓉先给了李军一份 A 平台的书单，让李军挑能写的。有意思的是，李军自己拟的书单，和赵蓉给的书单中起码有 20 本书是重复的，是有交集的，李军就把这 20 本书拎出来，从它们开始。

赵蓉告诉李军，A 平台的读书类音频节目，在 20 分钟左右，反推到拆书稿，就需要李军写5000~10000字的文章。

如何用一万字解释清楚一本书？赵蓉的办法是，看书的目录，用目录做支撑，做骨架，其他内容全部缩写，塞进骨架。从书的封面文案、封底文字中提取亮点，然后放大在稿子里，多看几篇别人写的书评，如果别人都写到这本书有什么亮点，你也要提到，当然文字不能一模一样。如果别人没写到什么亮点，你看到了，先要去论证，论证无误，写进稿子里，就是你的独到之处。

赵蓉的办法很有效，李军也逐渐找到了他的独门秘籍，那就是参考论文。

为此，李军在知网等知名学术期刊网站买了会员，每当拆一本书，李军就会搜索作者名、书名和书中提到的重大历史事件、重要战役、重要人物等关键词，找到相关论文，把论文看一遍，就会有很多收获，为解读一本书，解读作者为什么写这本书和书背后的故事，找到支持。此外，李军还在他下载的相关论文的参考文献中找到更多可以拆、可以看的书，扩大了知识面和能拆解的书的范围。

主业不能耽误，副业如何维持呢？

李军一开始做了个计划，但计划是计划，第一篇稿子用了一个月，返工6次，李军才在赵蓉的帮助下定稿。

白天上班，李军会利用碎片时间搜索论文，或者和编辑沟通，晚上他会针对要拆的书列提纲，拿着语音鼠标对着提纲在电脑前先说一遍，文档中自动弹出他说的那些字，全部说完，他再整理，方便得多。

需要大块的时间做整理、修改的工作都放在了周末。

第一篇稿子通过了，之后就顺利了，李军从两周拆一本书，到一周拆一本，再到三天拆一本。

确定升级方案。

李军一开始选择赵蓉所属的 A 平台，因为赵蓉本人好打交道，平台刚建立，也需要一批自己的原创作者。但赵蓉给出的稿费不高，500 元一篇，李军写到第五篇时，拿着经过赵蓉打磨的稿件，和高一级的平台谈，随后不断跳级，直到 5000 元一篇。

李军以 5 为跳级数字。

这么说吧，他给 D 平台写了五篇稿，拿其中最好的一篇作为样稿给 C 平台，C 平台过了后，写到第五篇，再拿其中最好的一篇给 B 平台，以此类推，最后写到 A 平台。

一年后，李军已经和四家平台长期合作，成为签约作者。

平台升级、稿酬升级，同时，李军已经不知不觉地开发了多种渠道。

比如，一书多用。

李军当初选择拆书，还不是书单、书评的方式，因为稿酬相对高，现在李军拆了很多书，也看了很多新书，于是捎带手拆过几本，就整理出一份书单，看到新书，就顺手写篇书评，实现了一书多用。一本书，李军甚至赚过两万元。

比如，一稿多投。

不同平台对稿件的要求不一样，但有时好几家平台需要的书是一样的，李军就将稿件换个角度再写一遍，再挣一笔稿费。

比如，处理闲置书籍。

经典是有限的，拆完熟悉的书，李军开始巡山式写作，就是看一看市场有什么新书、好书，都弄过了，统览一遍，再做筛选。因为有拆书人这一名头，入行也久了，进入的各种群也多了，许多出版社的营销编辑会主动给李军寄书。都是那种价格昂贵、大厚本、精装的，李军真是过足了瘾，以前花钱都要看，现在不花钱都能看。看完之后呢？好的留下，一般般的，李军无处可放，就在二手书店卖掉，由于这些书只看过一遍，品相很好，几乎原价的五折就能卖，还挣钱了。

此外，李军还被邀请给新人做培训，他作为嘉宾，在一个名为“拆书训练营”的社群直播课中讲了一节课，就是谈自己的经验，一个小时拿到了3000元课时费。

最近，有平台找李军做共读、领读，也就是在线陪人读书，这又是一个新的渠道。

视频号出现后，李军觉得之前给各个平台拆书，积攒了很多稿件库存，直接发出来涉及版权问题，但一两句、一两个片段拿出来没问题，太适合视频号做“李军门读书”了。

以上是李军的读书变现之路。

我们总结一下，李军的路线图，我们可以“抄作业”的地方。

如果你想用读书变现——

你得是个读书人，笔头功夫也还不错。

最好在某个具体的阅读领域，你有发言权。

找到适合自己的文体、相应的平台，联系对的人，对的人主要是你的编辑。

从打磨好一篇样稿开始，不要急，先合乎平台的要求，而后找到你的独门写作习惯，比如，李军用语音鼠标更快，用论文做参考更有底气。

准备好自我介绍，自我介绍不断更新、迭代。

如果不能和最高级的平台合作，可以曲线救国，一步一步来。

多渠道发展，把一本书最大程度地读透、用透。

绘制一张表格，把你的类型、变现的方式，有针对性的不同档次的平台列出来，给自己一个时间限制，去实现它。

最后，作为一个从业十几年的老编辑，我送你一个心法——

如果你没有特别突出的阅读方向，看一看各个平台的书中，你最可能写得像谁，学那个拆书人，复制他的路线。

3.2 PPT 变现

大家都知道，Word、Excel、PPT 都是职场人常用的办公软件。但你知道吗？它们除了能帮我们高效完成工作，还能实现副业赚钱，尤其是 PPT，现在已经广泛应用在各种商业领域，如商业路演、新品发布会等场景，如果你能把 PPT 制作当副业，那变现机会和收入会十分可观。这一节，我们就通过一位 PPT 变现达人的实战经历，来学习与 PPT 变现增收相关的一系列思路和技巧。

这位达人，名叫周周，女，38 岁，在一家大公司做行政工作。

周周来自广西的一个小县城，中专毕业，学历是周周的硬伤。周周在职场，人缘特别好，好到什么程度呢？她离职的前公司、前前公司的老板，有什么新的工作机会，还会想到她，还会问一声，你最近有跳槽计划吗？

周周受学历所限，没有专长，是她最懊恼的事。但因为没上过大学，她比同龄人都早进入职场，工作经验已经有20年，经历的单位和行业多，可以说，她能自动切换模式，适应环境的能力强，还能最快适应不同环境的工作氛围。

也因为学历所限，周周特别爱学习，就怕跟丢了队伍。她做的一直是行政工作，办公室的活都拿得起，比如装修，比如安排各种会议，比如迎来送往的接待；有段时间，她帮财务做绩效考核，周周甚至想过未来是不是能转行做会计，还考过会计证。

但中年转行，转技术含量特别高的、和本职工作又相差甚远的行当，不切实际，何况周周还是一个孩子的母亲，丈夫长期在外地工作。

想增加收入，又想有核心竞争力，有点专业性，周周一边苦恼，一边寻找她的副业方向，未来可以拥有一项专业技能的方向。

有一次我和周周聊天，她提到上述苦恼，我就为她画了“六维优势画像”，一起梳理适合她的副业方向。最终，周周的优势画像呈现出以下信息和结论：

从业 20 年，一直做行政工作，历经各种单位，服务过的公司不乏大企业，为数百场会议准备过物料，这是她的专业、经历、身份优势；学习能力强、适应能力强、人缘好，这是她的人脉和评价优势。

因此，周周做副业，就应该从她做行政岗的技能中提炼，看看有没有她擅长，日常工作中经常能用到，其他公司、其他人不熟练或不愿意花时间、精力去做或不想请全职的人去做的事。

周周做副业，就应该从熟人开始，那些和她共过事的人，愿意主动给她介绍工作的人，都是周周可以开发的。

那周周又是怎么决定用 PPT 变现的呢？

周周在朋友圈看到前前公司的一位同事 A 发了一条消息——

“果然，花钱找人做的 PPT 就是比自己做的高级！”

同事贴了 9 张图，都是一场会议的 PPT 图，图下很多共同好友问，PPT 还能找人代做？哪里找的？多少钱？

周周心中一动，要知道，这段时间她在公司的主要工作就是做 PPT。公司刚换了新老板，公司业务包括做行业内的论坛，一个季度一次，其他还有路演、小范围内的培训，等等。

从来没有人说过，可以在外面找人做PPT，公司也没有这个预算，所以做PPT的工作都落到办公室，老板的要求特别高，好脾气又耐心的周周成了制作重要PPT的不二人选。

为此，她付出了很多时间、精力，还报了几门PPT的网络课程，模板、字体、图片、图标、免费图库、设计套路、如何排版，周周都能说得头头是道；因为做得多，很多时候，面对不同观众，只是把文字材料换一下，新的PPT就又完成了。

话说回来，周周仔细看了前同事A发的PPT图，她觉得还不如自己做的呢！

于是，她私信前同事，问清原委，原来淘宝有很多代做PPT的商家，根据不同客户的要求，价目也不一样。A把她做PPT的那家价目表给周周发过来，周周一看，嚯！最普通的一页都要10元。周周又把自己刚给老板做的路演PPT发给A看，A翻了一遍，马上回复周周："你的水平不说是首席定制，起码也是高端制作，100元一页的要价，绝对没问题！"

路演的PPT在40页左右，一套PPT按这么算，就是

4000 元。周周做一套这样的 PPT 通常要一天，老板把发言稿给她后，她来提炼关键词，拟定 PPT 的提纲。

A 听周周说，给她一份发言稿，就能变成一份 PPT，更激动了。因为在淘宝找代做 PPT 的，是要提供 PPT 分页文字、图片和视频的。

“你这样全面服务的，一定能要到 150~200 元一页！”A 鼓励周周。

那就试试？周周暗自想。

前同事把代做 PPT 的淘宝店发给周周，周周主动和客服联系。

周周把做过的、有代表性的 PPT 打包，把擅长做的 PPT 类型写进自我介绍，一次性发给客服。

客服没有及时回复，态度也很矜持，甚至有些冷淡。不过，周周并不在意，又不是要和客服谈恋爱，能把事情往前推一步，是最重要的。之后的流程是这样的——

有人要做 PPT，就在网店下单，由客服加微信接待，聊清楚需求，接收发来的 PPT 资料。客服再把资料发布在群里，群里的一众设计师，看谁抢得快，这单就是谁的。

抢到单后，客服再单拉一个小群，群里就 3 个人，买家、客服和设计师，先交3页PPT样稿，通过后再做其他的，通不过就换人。

客服会在一开始就和买家沟通好，多久要完成样稿，抢到单的设计师如果在规定时间内交不出活，马上换人。

全部PPT做好后，先传到三人微信小群，设计师要改到买家满意为止。满意了，买家回到淘宝店铺中，点击确认收货，这时设计师才会把PPT的完整文件传到买家的邮箱中。

买家收到货后，还有三次让设计师免费修改的权利。

周周在群里待了一个月，一个月里只做了两单，原因是：一、没别人抢单抢得快；二、她也不太确定一些难度较高的PPT她是否能完成。

那家淘宝店由于设计师太多，客服总是很高傲，经常在群里威胁设计师们。

对于接了单、回复有点慢的设计师，客服会说“想不想做了，不想做，马上换人”，有人抱怨分成比例低，结款不及时，就会被客服干脆踢出群外。

是啊，分成比例是有些低。和店铺三七分，设计师拿三。

三七开就够低了，结果客服还被爆出有时虚报价格，100元的单给你报80元，你拿到24元，他拿到76元。

所以，没有中间商，没有差价，或相对来说分成比例高，对于非全职、不能用量取胜的周周来说，PPT 变现才能成为致富之路。

此外，拿到一篇文字稿，她来负责全部流程，直接变成 PPT 是周周最大的优势。在淘宝店中，她不敢肯定是不是所有行业的稿件她都能做到，那就等于放弃了自己的优势。

“还是应该尽快发展自己的稳定客源，慢慢积累。”周周想，“而对于客户来说，尝试利用身边资源，直接找到代做 PPT 的设计师，不仅可以节省开销，简化流程，还可以绝对地保证质量。”

想到这里，周周又去找前同事 A。

周周的话术是，先感谢，感谢 A 提醒她，找到副业方向。

A 没想到周周的行动力这么强，周周本来想说，你那儿有 PPT 的活，要得急，可以找我帮忙。

还没说呢，A 就抓住周周抱怨，表示最近忙疯了，领导的发言稿也归她写了，她还要整出提纲，找人做 PPT。周周二话没说，马上打出一行字：“你别管了，给我吧！”

周周凭借多年做办公室工作的经验，和 A 又是同行，领导发言稿也没超出周周熟悉的领域，而且观众肯定不同，她整完提纲，配完素材，用在单位做的一套 PPT 模板简单替换一下，一下午就完成了。

等她发过去，A 大惊，为速度，为效率，为水平，为结果。

A 要付周周钱，周周却拒绝了。A 说："你别客气，本来我要找淘宝店做 PPT，就是能报销的。"周周这时改变了思路，她问 A，如果这样的活多，一次又一次地找不同的店做 PPT，为什么不干脆招个兼职的人，按件计费呢？我就可以，去掉中间商，我每次按淘宝店一半的价格和你们月结工资，你看怎么样？

周周就这么谈妥了她的第一份兼职。

一份 PPT2000 元，一个月起码做 4 份，8000 元。不用付五险一金，A 的公司有这样一位编外人员，也是划算的。

接下来，周周做了几件事——

锁定熟人，

发展同道，

做好档案管理，

合理安排时间，

热心分享。

周周拿着给A的公司做的活、收费标准、合作方式，与前同事B、C谈，一共谈妥三份兼职，保证了活少时每月也有一万多元的稳定副业收入；周周没有退淘宝店的群，而是加了几个她认为靠谱的小伙伴，活多的时候，她将活分出去，她来提供PPT资料，最后审核，与设计师费用三七开，她拿三，设计师拿七，因为她知道，肯让利才能长期合作。

周周做得快，因为她熟练，有许多现成的PPT设计套路、模板、素材库，但不能把A公司的PPT流到B公司，这就需要她做好档案管理，她专门在电脑中设置了文件夹，分A、B、C三个。还做了一张表格，把时间、公司名、PPT名，用过什么模板，一一记录下来。

周周拿到活时，首先会衡量一下，我需要多久才能交活，我今天有没有时间？

工作日，她通常采取的是找小伙伴做、收益三七分的方式，只负责一头一尾。这样，工作的间隙就能完成。

对于不太急的活，或正好能遇上周末的活，周周会自己全盘负责一份PPT，拿全额工资。

对于一些简单的PPT，周周还给她做兼职服务的公司人员做了一些基础的培训。

举个例子，周周在培训中分享到，要想 PPT 做得好，你需要——

好的模板、好的素材、好的排版、好的思路。

模板从哪里找？周周提供了微软的官方模板下载网站。

好的素材从哪里找？周周提供了免费的商用字体，如思源黑体、思源宋体。

好的排版怎么做到？周周推荐了她最常用的转化为 SmartArt 的方式。

好的思路一般什么样？周周说，用大图，图越大，越大气；学会提取文字中的关键词，根据关键词配图，显得更可信、更专业；等等。

以上，就是 PPT 达人周周的变现方式。

我们总结一下——

做 PPT 本来就是周周的工作内容之一，技术方面，她没问题。

通过在淘宝店尝试，通过对自身优势的分析，人缘好，有熟人愿意提供 PPT 变现的机会；从文字稿到 PPT 呈现，能做全程，是自己和其他设计师的不同点。周周没走其他人 PPT 变现的老路，而是直接和熟人谈没有底薪，只计件的兼职。多谈几份兼职，确定工作量和稳定收入，做好备选，找几个小伙伴，自己只做最重要的环节，保证了活多活少都能转得开。

合理安排时间，做好保密，做好档案管理，乐于分享，才会继续发挥人脉优势，做受欢迎的人，才有不断被欢迎的机会。

手艺人是饿不死的，因为你有手艺，而认识你的人都知道怎么帮助你，就是给你介绍活。

那些被周周培训过的小员工，普通的PPT可以做，但遇到高难度的，他们日后跳槽了，去别的单位了，很有可能会跟领导说："这种水平太高了，我认识一位PPT大咖，收费也不贵，质量有保证，咱们找她吧？"

周周的变现靠的是好人缘+好技术，你有可以"抄作业"的地方吗？

3.3 声音变现，主播带货

波波从小就对有关声音的一切感兴趣。

再多的烦恼，往台上一站，或者戴上耳机，在麦克风前，清清嗓子，读一段散文，心就能静下来。

波波有一把好嗓子，她学过声乐，从小到大，学校的朗诵比赛总有她的身影。18 岁时，波波离开家乡去南方上大学，她是校广播电台的台长，与此同时，她在校外做兼职。

波波的兼职有两种，第一种是儿童教育。她在一所儿童培训机构教小朋友们朗诵、做小主持人。波波有亲和力，很讨小朋友们喜欢，他们总围着波波转。没有教材时，波波就自己去找资料，找适合小朋友们排练的节目，再一一对他们进行辅导。

第二种兼职是配音。波波找配音兼职的方式很原始，她在百度上搜“配音＋所在城市名”，在豆瓣同城搜索“配音”等关键词，就能收获大堆配音、与声音有关的工作信息。她再按照招聘信息上的联系方式给对方打电话，对方会要求她发一些资料，包括录好的样音，审核通过就可以上岗了。

波波回忆，大学时她会坐很久的车，跑很远的路，去城市陌生的一角，在一个一个录音棚中完成面试、试音、正式录音的兼职流程。现在想想，对一个女大学生来说，这样的兼职方式其实有很大的风险，因为许多公司并不正规，许多录音棚就在一栋栋居民楼中，孤身前往，全靠胆大、运气好。

除了人身风险，类似兼职的另一个风险是经济上的，比如有的公司是骗子，录了音，到账期该结款了，招聘者忽然人间蒸发。

但 10 次总有 5 次是靠谱的，那些年，波波靠配音兼职赚取生活费、满足爱好，她先后配了一些动画片中的角色、大卖场的广告、某某地图的导航，过足了用声音变现的瘾。

波波大学毕业后，在一家航空公司工作，收入不错，在许多人眼中，这是一个金饭碗，但她没有放弃爱好。

波波在媒体上看到本地广播电台的一档音乐节目招聘

嘉宾主持人的消息，就跃跃欲试，参加招聘。多年的积淀，过硬的播音业务水平，大学时做兼职的经历，让波波在一众人等中脱颖而出，她获得了这份工作。

很长一段时间，波波下班后就去电台上班，她很用心对待这档兼职的节目，找音乐，配文字，在每一次新节目开播前，都会准备很久。

那是一档录播节目，波波说，有时一边开车，一边听电波中流淌出的自己的声音，就明白什么是幸福。

这时，自媒体兴起了，波波在微信公众号注册了自己的平台，就叫“bobo 的悦读时光”，悦是喜悦的悦，原因很简单，波波爱读书，阅读量很大，于是她将读书、阅读作为她的品牌特色。在公众号的音频中，波波会读别人的文章，一周亲自写一篇随笔，和她的粉丝碎碎念，聊的都是她真实的生活；这些文字，未必专业，但拉近了她和粉丝的距离，让粉丝觉得，她是个活生生的人。

同时，波波还在喜马拉雅、荔枝、网易云音乐等平台注册了同名网络电台。

读别人的文章时，波波会通过各种方式避免版权问题，比如通过出版社联系到作者，通过关注作者的微信公众号给他留言，通过微博私信给作者发去消息，等等。作者们听完波波的朗读，会觉得，“哎，这是对我文章的再次创作”，从而对波波产生好感。一来二去，波波也和这些作者成了朋友，形成了稳定的合作关系。一部分作者，会把波波读过的文章放到自己的平台上，形成了对波波的二次传播；有平台来找作者们购买有声书版权时，作者们也会推荐波波做有声书的主播。

在网络电台，波波采取的策略是坚持，坚持更新，以及紧跟热点，紧跟网站的活动来吸粉、吸睛。

比如，在清明节时，波波会提前一两天做一档清明节的节目放到个人电台上，网站推清明节活动时会发现这档节目，会主动去推，给一些首页图、开屏图等资源位展示。

网站也会做专题，发起活动，比如，“说说你的第一次远行”“开学了”等。找到适合自己的活动，波波就及时参加，跟紧大部队，而且她的节目质量本身也不错，因此每次活动，波波都会收获大批粉丝。

微信公众号，一开始都是1000~3000字的文章形式，渐渐地，文章加音频成为一种流行，成为大号的选择。当波波的电台和她以音频为特色的公众号被许多同行关注后，她获得了更多的声音兼职工作——同行们找波波录音频，放在他们的公众号上。

其中一家以女性读者为主的千万级粉丝大号，是公认的业内翘楚，粉丝量大，定位精准，创始团队也和波波在一个城市。几次合作后，创始人邀请波波到他们公司工作。这时，兼职、副业的收入比波波主业的收入要高，声音工作又是波波喜欢的，个人品牌已经立起来，相对于航空公司的工作，此时转行对波波的发展更有利，于是波波选择离职，把副业当主业，加入了千万级粉丝大号的创业团队，做专职主播。

在这家千万级粉丝大号上，波波除了做主播，借助他们的粉丝量让更多人知道自己的声音，强化个人品牌外，由于那是一个创业团队，人手有限，业务无限，波波还负责了一部分课程开发工作。当她离开这家公司时，干脆去了一家专职的知识付费公司做课程，等她再离职，回去专门经营个人品牌时，比其他网络主播多了运营经验和做知识付费课程的经验。

现在，波波在最初工作的地方——航空公司附近，机场旁边的一个共享办公空间，租了一间工作室，她聘请了一位助理，因为成本的缘故，这位姓叶的助理是兼职的。

每周一到周五，波波正常上班，她的业务包括：录音，录公众号需要的音频，录有声书，做配音；写公众号文章，对接客户，做团购。

波波的网络电台和公众号粉丝都有一定的基础，而且黏性很高。

每隔一段时间，波波就会在她的自媒体账号上做一次电商团购，针对她的粉丝都是女性这一特点，波波做过的团购，包括打底裤、暖手宝等。文案一般由客户提供，但出于对自己粉丝的了解，波波还会做一些修改，这是标准的主播带货。

此外，无论是当年做儿童培训机构攒下的经验，还是在做主播过程中发现许多人都有改善声音，用声音变现的需要，尤其在两家公司有过做课程的积累和经验，都让波波觉得，做主播训练营、声音训练营，有前途，被需要。

于是，波波连续开了几期主播训练营，就连我都因为被联系图书版权和波波认识后，出于好奇参加过一期她的训练营，结识了很多想用声音变现的学员。

他们中的很多人，毕业后成了业余声音工作者。

波波的训练营从基础营到进阶营，应有尽有，这是将有限的粉丝一再变现，反复利用。可以说，波波从声音爱好者，到声音从业者，再到声音训练者，走了声音变现的全程，扮演了全角色。

以上就是波波用声音变现的路线图。

一把好嗓子，经过有意识的训练，是她的专业、兴趣优势。

从 18 岁起到今天，十几年从未放弃，从培训儿童，到配音兼职，到电台嘉宾主持人，到网络电台主播，到专职自媒体主播，再到今天，除了自己做主播，还做主播训练营，跟上每一波声音变现的趋势，是波波在这一行业的经历、身份优势。

她的个人定位很清晰，用声音变现，在一群用声音变现的人中，以阅读为特色，结交了很多相关人士，解决了最核心的版权问题，也因此遇到很多朋友，其中一些还为她提供工作机会，又形成了她的人脉优势。

当她的自媒体，无论是电台还是公众号都有一定规模时，除了声音本身带来的收入，她还将粉丝变现，训练营是，电商、广告也是，这是用流量变现。

你想走波波的路吗？

我们来看一下，波波对初入这个领域的人有什么经验之谈。

关于如何找兼职配音。

方法是用好搜索引擎，搜索关键词“配音 + 所在城市名”“配音 + 豆瓣”等。

与之相关的网站有：豆瓣、赶集网、58 同城等。

月收入在几百到上千元。

兼职要注意安全问题，尤其是大学生，要识别清楚，以防被骗，一般声音工作只需要发送样带，如果要面试，一定要与人结伴而行。

关于哪些平台适合做主播。

通过专业的声音平台，如荔枝 FM、喜马拉雅等。

其中，荔枝更适合直播，无须视频。粉丝打赏、和平台签独家都是获取收入的方式。

喜马拉雅则除了打赏、独家，你还能通过有声小说中的广告植入获取收入。

波波劝告刚入行的人，一开始不要在意价钱，先开始再说。同时，一定要有自己的平台，所谓的“两微一抖”，即微博、微信公众号、抖音。

运营好个人品牌及平台，你可以通过打赏、广告、电商、知识付费等方式变现。

关于做网络电台，该怎么定位。

要注意自己声音的特点。

如果你有甜蜜蜜的嗓音，那你适合做儿童故事电台。

如果你的声音暖暖的，那你适合做深夜情感电台。

如果你的声音是中性的，那你去做新闻或古诗词电台吧。

声音是天生的，你天生适合什么，你的优势就在哪里，去变现一定最快、最轻松、最见效果，别辜负你自带的光环。

此外，还要根据自己的身份和特长来定位能做什么样的主播和电台。

比如波波，阅读是她的爱好，她做的就是读书类电台。

你爱好体育，你就做体育电台。

你对历史很有研究，那就做历史故事电台。

如果你有特别鲜明的个人特征，恭喜你，你的个人品牌树立会比其他人容易些。

说一口唐山话的，适合讲相声；说一口东北话的，自带段子手属性。

当然，你还需要设计一句能代表你的slogan（口号），有一个好记的品牌名。

在你没有做大前，先别急着买专业的设备，很多平台有手机录制的功能，简单易操作，等你能坚持运营一段时间网络电台，将它变成固定的兼职，再考虑买设备吧。

而你的播放量达到一定程度，有平台注意你时，请记住，别急着签独家协议，也别急着全网铺开，精力有限，先在一两个平台做好足矣。

声音变现有很多种途径，波波几乎尝试了所有的路，你想从事其中哪种？

当然，你也可以参加她的训练营，但我建议你，先研究一下，自己的优势在哪里。

3.4 课程变现

疫情期间，很多成年人想通过学习抵御风险，几乎所有孩子都在家上网课，线上教育已成为默认的学习方式。

这并不是突然发生的，你有没有发现，这几年，一些原本从事教育行业的人，一部分精力已经从线下转到线上；一些和教育无关的人，也开始在线上开课？课程，成了有专业技能的人变现的一种方式。

相对于传统的、让人们获得知识的行业，比如图书出版、培训，线上课堂有很多优势和好处，比如，线上课堂不在乎场地，能最大程度地招募学员，哪怕在微信群上课，起码500人可以同时在线。我上过的学员最多的一次线上课，是在大姨妈App上做的一场直播，有60万人收听，这要是在线下，简直不可想象。

再比如，线上课基本不存在退换货、账期问题，收的全是现款。

线上课是以讲师为核心，对其他人、环节的依赖性没有传统出版、培训那么高，也没有纸张、印刷、交通、租金等其他成本，因此讲师的分成比例更高。业内通行的是五五分。当然，如果弱作者遇到强平台，会有三七、二八、买断等付费方式，作者拿少的那部分；如果强作者遇到弱平台，会反过来。但和以往所有的知识交付方式相比，同等销售数据，讲师仍然比作者得到的收入要高。

说了这么多好处，那究竟怎么开始课程变现呢？需要哪些前置经验和资源呢？接下来我们聊聊我在知识付费领域的发展路线图，希望给你带来一些启发。

从小学四年级起，我就参加各种演讲比赛，我的这项爱好一直延续至大学和工作。

因此，对于表达，无论是文字表达，还是口语表达，都是我最明显的优势。

我本科读的是师范大学，四年学习中，我认为最有用的一门课是教学法，就是教人怎么上课。大学毕业后，我在家乡的一所中学做了两年历史教师。

可以说，四年大学 + 两年教师工作训练了我，到了知识付费时代，相对于有料但不会上课的各类专业人士，接受过正规的教学训练，是我的优势。

同时，和一直做教师的人相比，因为演讲的童子功，演讲稿必须自己写，所以，我说什么都打上了我的标签，我会原创，别人不可复制。

而许多长期做教师的人，离开教材就不知道怎么讲课。

知识付费时代，很多课是没有现成教材的，学员想得到的技能，不是传统意义上的课程能满足的，需要老师有原创能力，针对需求写教材，或对原有的教材进行提炼、改造。

用“六维优势画像法”给我自己画像，我发现，无论专业、身份、经历、兴趣、评价的哪个方面，我都能吃上开口饭。所缺的就是人脉，即谁会听我上课，谁来给我机会，找我上课。

2010 年，我在报社工作，除了给单位写稿，还同时在多家报刊开设专栏。

2010 年 7 月，报社和一家著名的婚恋网站合作，在全国几十个城市，大中型企业、大学开设大讲堂，网站出渠道、场地、招募听众，报社出品牌、讲师。我在报纸开设的专栏，读者是年轻人，我写的也大都是他们在职场、情感等方面有共鸣的话题，和这次活动不谋而合。

负责这个项目的同事联系我，问我愿不愿意去各地做分享、讲课，她也是看中我做过教师这一背景。

我一口答应。当时我并没有意识到这是个机会，只是我很喜欢上课，离开教师岗位后，我还没机会过瘾。

接下来的一年，我走了十几个城市，做了几十场讲座，大讲堂以情感为主题，我就统计我写过的文章中转载率最高、最受欢迎的情感类文章，归纳它们的共同性，得出结论：情感是需要管理的。因此，我最初的线下课是情感管理课。

这次活动，让我收获很多。

首先，在实践中，在和听众的互动中，我琢磨出了一套方法论，有了一套属于自己的讲稿。

其次，一起走了那么多城市，我和网站的公关部负责人晶晶成了朋友。

活动结束，晶晶给我介绍了许多她的同行，都是公关、培训方面的。2010 年至 2013 年，我的线下课基本上都拿着那套讲稿做讲座。

大部分线下课的人脉资源，都来源于最初和晶晶的合作，比如龙湖地产、中铁集团。

当我把在各地上课的消息、当地媒体的报道发布在社交平台，如微博、博客，以前有过交集、合作的朋友、单位会发现，噢，原来你还能上课。

于是，除了约我写稿，他们还邀请我去上课。我又根据每场活动的不同再做调整，或写新的教案。

比如，我给读者集团做的培训，是编辑怎样自我管理；给兰州石化做的培训，是青年职工该怎样自我管理。

为什么会选择这个题目呢？因为无论是上课还是写作，都是我的副业。邀请我上课、听我上课的人经常会感到好奇，我是如何把多重身份统一，时间、精力又是怎么安排的？我把这一切，都归于自我管理。

最初，我选择情感管理是根据报社与网站合作的大讲堂的主题，“管理”二字误打误撞。而之后，当我发现人们对我感兴趣的都和管理，尤其自我管理相关，我就把它变成了个人标签。

2013年，我的第一本书《以自己喜欢的方式过一生》出版，因为这本书，我一年接到了50场线下讲座的邀请。

一年50场，场场受众不同，题目不一样，需求不一样，都要重新备课，我感到非常疲惫，而每一场讲座，我都会遇到一个同样的问题，有听众会问，我怎样才能以自己喜欢的方式过一生？

我的答案是，能以自己喜欢的方式过一生的人，都是精于自我管理的人。

于是，我把50场讲座分类，把讲过的主题分类，按自我管理的理念，分成情感、情绪、社交、梦想、时间、兴趣管理课。之后，只是根据场景、受众的不同进行微调。

2016年开始，线上教学悄然兴起。

我在微博接到一封私信，一个叫“蛋蛋解读会”的社群负责人联系我，问我愿不愿意给他们的群友做一场直播，分享新书。当时，我刚刚出了一本新书，对直播一无所知，但我明显感觉到，这是新趋势。所以，在没有任何费用的情况下，我用手机在群里，用60秒语音的方式，给大家讲我的创作思路、人生体会，讲了一个小时。

这是我在电台节目之外做的第一次直播，很像即兴演讲。

做完这场直播，我把听众的反馈、我的体验，写成一段文字发在朋友圈。

和发布“我能上课”一样，熟人们从此知道“我能上网课”。

这时，很多过去的合作方、各个媒体都在转型中，都在开发线上形式。之后，熟人们邀请我，一旦和我合作，他们会在社交平台晒出相关信息，他们又成了我的宣传渠道。

而陌生人、陌生的平台会通过熟人，通过微信、微博联系到我。

那段时间，我合作的平台包括脉脉、大姨妈、千丁学院、蜻蜓、一直播。

当时的线上分享，还是为我写作的图书服务，主要通过直播赢得人气，并没有在线上获得太多收入。

2017 年以后，我明显感觉到，知识付费时代来临，因为上课的收入远远超过图书。

2017 年，我从北京到上海出差，拜访了自媒体大号慈怀读书会的创始人陈晓峰老师，我们之前就有过合作。他请我在慈怀读书会上做了三次大课的直播，每次 4~7 天，每天晚上直播一个小时左右；直播间设在荔枝，技术、销售问题由慈怀解决，我只负责上课。

这三次大课都是关于自我管理的，我把过去线下的课程挪到线上，根据慈怀读书会粉丝的特点，又进行了调整。

销售数据在当时看来，在荔枝平台看来挺不错，我也基本上一次课就能拿到几万元的收入。我再拿这个数据和其他平台，如喜马拉雅和一些 MCN（多频道网络）公司谈合作。

2018 年 3 月，我在得到 App 上做了一门社交管理课，是编辑从我六个方向的自我管理课程中挑的。

得到 App 是知识付费的标杆平台，这门课到今天卖了 7 万份，得到 App 几乎集中了中国最爱学习、最爱在网上学习的人，因此，这次合作除了给我带来可观的收入之外，从我们之前讲的第一产品、第二产品的理论来说，它更多为我带来的是个人标签的升级、宣传、推广、传播。

此后，我还和十点读书、书单、干货帮、墨尔大学等平台合作过自制课程。

以上就是我在知识付费领域的发展路线图，我来总结一下：

我的优势是表达能力强，原创内容的能力强。在网课变现前，我已经讲过很多年线下课，包括做教师和培训师两段经历，因此我有比较丰富的授课经验，也有一定的粉丝基础，网课不过是变了一种形式。

我主要是通过人，尤其是熟人，使自己获得机会，再通过不断升级合作的平台，达到个人标签和水平的升级。不下牌桌，始终在这一个行业，不管形式怎么变，哪波都要跟上，是我最深的体会。在这个过程中，我慢慢寻找自己能做课程的那个点，深耕、精耕，不惧怕一开始的简陋，先有 1.0 版，再逐渐升级到 10.0 版。

另外，为了让你更高效、更快速地进军“课程变现”这个副业领域，我还总结了几点经验性建议，希望能成为鼓励你的“小彩蛋”。

先说第一个建议，是评估你与“课程变现”这种副业场景的距离和契合度。

首先，如果你原本就是教育工作者，可以说契合度非常高，你只需要和同行做出区分度即可。比如，同样是讲语文课，如果都按教材来，你没有特别的吸引力，你得为自己找宣传点，像是连续培养过三届高考语文单科状元，经你辅导的学生获得过新概念作文赛的大奖等；或者，你有独特的心法，出版过什么语文教学的专著，你这门课就是来讲这个心法的。

其次，如果你在某个领域已经有了一定的粉丝基础，对“课程变现”这条路来说，也是非常好的前置条件和契机。你只需要琢磨你的粉丝，他们的共同特点是什么？想听你说什么？你被他们“粉”的理由是什么？其实，课程只是将你的流量再次变现而已。比如，一个情感大号的创始人，他的课程就可以说情感；一个创业网红可以谈如何经营人脉，谈对项目的判断。

记住：千万别跨界。专精度不够，不适合课程的变现。

最后，当你在某方面可以做别人的教练时，就可以考虑“课程变现”了。

其实，每一个人在细分领域都可以找到自己能做别人教练的点。

这个点，就是普通人可以做课程、当导师的种子。

比如，我认识一位化妆师，她在网上开设的是美妆课。

我还认识一位男作家，他没有开写作课，而是发挥了他的一项特长。他先写了一本教普通人怎么理财的书，然后他做理财课，也用这本书做教材。他的理财书中有一节，关于怎么买金子，哪些金子值得投资，非常有趣。他干脆用“普通人怎么买投资金条”，又做了一门小课。

如果你是个特别会薅旅游公司、航空公司羊毛的人，你能做一门穷游课。

如果你做了好几年微商，关于朋友圈营销，特别有心得，你可以开一门微商营销课。

事实上，每个人找对点，都能在一个细分领域，做一门课程。

第二点建议，是关于怎么高效、高质量地撰写讲课稿。我总结出了四个步骤。

第一步，列提纲、写内容。

今天我要讲哪几个部分？每一部分我要讲几点？每一点我举的例子是什么？我的结论是什么？列出来。

你最好有一支录音笔，如果没有的话，可以学我，买一只语音鼠标，当你对着提纲，把你所有的思路说出来的时候，文档上已经自然形成记录，之后再整理。

第二步，完善、升级讲课稿内容。

讲课稿不是一次就能达到完美的，尤其对之前没有讲过课的人来说。所以，你可以先试着用分享的方式跟别人聊天，慢慢升级。

多讲几遍，每一次讲完，再修改一版。

注意收集问题，如果每一次讲课过程中你总是会遇到同样的问题，说明这个问题可以独立成为一节，甚至可以单独做一门课。

第三步，划定讲稿内容、时间比例。

一般来说，我们一堂课的开头和结尾，各占讲稿和全部课时的 5%。

剩下的 90%，就根据你一共有几章，一共有几节，按需分配。

我在上课时会在提纲上标出，哪里讲 15 分钟，哪里讲 30 分钟。

我有一个经验：多准备几个案例，当你说得太快时，案例可以用上。当时间不够时，可以把类似的案例及时撤下去。

第四步，借助 PPT，提高讲课流畅度。

如果你不够熟练，哪怕是做音频直播，你都需要有一份逐字稿。

如果是视频直播，你可以用 PPT 来提示你自己，PPT

上写上关键的词句。

最后，再来说说对于“课程变现”的第三点建议，就是如何高效地上线课程。

我在下面列出了当前头部网课平台的一些风格、定位，希望对你有所帮助。

知乎

知乎是现在互联网上最为流行的中文互联网知识分享平台，知乎里有许多知识，涉及我们生活、学习和工作的各个方面，许多人都喜欢上知乎。

得到

得到是一个专栏订阅型知识平台，旨在为用户提供“省时间的高效知识服务”，由罗辑思维团队出品，提倡碎片化学习方式，让用户短时间内获得有效的知识。

喜马拉雅 FM

喜马拉雅 FM 是以音频为主的付费知识平台，喜马拉雅 FM 的音频很多，有小说，也有各个学科的知识，听众可以轻松地获取。

创客匠人

创客匠人是一个教育培训行业的知识付费系统，专注为培训讲师、机构、自媒体、出版社等内容创业者提供知识付费“一站式”解决方案，产品集合了主流内容付费形式。

腾讯课堂

腾讯课堂是一个十分流行的在线教育平台，里面有许多教育机构和名师，涉及很多行业及各个学科的知识。

网易云课堂

网易云课堂是一个在线实用技能学习平台，网易云课堂上的课程数量庞大，涵盖的专业也很多，许多人都在上面学习。

豆瓣时间

豆瓣时间是一个以音频、文字等形式为主的付费知识平台，豆瓣甄选用户最渴念的知识领域精心制作各类付费专栏。

有书共读

有书共读是一个语音领读结合的书籍精读的读书平台。

百度问咖

百度问咖是一个由“百度知道”孵化的付费交流平台。

樊登读书会

樊登读书会是一个在线付费问答平台，是结合了视频、音频、图文等形式的图书精华解读平台，被称为基于移动互联网的学习型机构，是倡导“全民阅读”的先行者。

除此之外，付费的知识平台还有很多，比如著名的果壳、千聊、知识星球、混沌大学、在行一点、大牛家等。

以上都是已经做成行业标杆的平台，对于课程变现的初学者，我建议你先从自身可利用的资源开始。

比如，对于原本就是教育工作者的人，你可以把你线下的学员引流到线上。

对于有一定粉丝量的人，你看看你的粉丝是在哪里经营起来的？那里是不是可以直接卖课？如果不能，把你的粉丝集中到一个地方，比如微信群或你的自媒体上，再卖课。

对于某方面可以当教练的人，你可以先拉一个群，练练兵，再找到什么课都能上的综合性平台，最后再找和你领域契合的平台。

无论你是哪种类型，请记住——

首先要善用免费资源，你可以用微信群、直播云等上课，千聊、小鹅通、荔枝的直播间，都可以免费申请。

如果你有现成的文稿、课件、音频、视频，你可以去人人平等、人人有机会的综合性平台上架你的课程，比如今日头条。

如果你不具备自己制作课程的能力，可以找到相应的平台，和编辑谈，谈妥后，看看用什么形式讲课。

如果你的专业背景很强，平台、MCN 公司你都可以直接联系。如果不够强，先做免费的直播，有了好的数据，再和平台、公司谈。

如果平台分一、二、三、四档，你可以先和第四档合作，拿成绩和第三档谈，直至和顶级平台谈。

当你有了一个课程，你可以和一个平台谈独家，也可以谈多家、谈分发。还是那句话，先开张，先别计较得失。

广义上说，人人都能做课程。别急，我的课程变现之路，也是走了十几年呢。找对方向，坚持最重要！

3.5 策划变现

这一节的内容，我们要走进的副业实战场景是“策划变现”，我将带你探访的副业达人，名叫任然。

任然在策划变现上自有一套心法。最初，他只是把策划当副业，增加收入，但后来，竟然把副业变成了主业，实现了人生梦想。无论是策划变现，将同一批粉丝变现两遍，还是副业转正，任然身上都有值得我们学习、复制的地方。

所以，接下来就让我们一起看看任然的“策划变现”副业路线图，到底是如何绘制的。

任然，男，2007 年考入兰州大学中文系，2011 年本科毕业。

大学期间，他就展现出超出常人的策划能力。

当时，任然所在的校区位于兰州市榆中县夏官营镇，被同学们趣称为“夏官营大学”。任然用“一本正经地胡说八道”的方式，把校区的外号当作正式的校名，煞有介事地印在笔记本上。他出创意，找人设计，找加工厂代加工，产品出来后，就叫“夏官营大学”笔记本。

任然采取进宿舍楼挨门挨户推销，在学校小卖部租柜台销售，利用自己在学校文学社“名人”的身份，招募学弟学妹们在校园各处摆地摊，在论坛发帖，在淘宝开店等模式，将“夏官营大学”笔记本变成他因策划而变现的第一桶金。

此后，任然无意间发现，“兰大”两个字竖着写能合成一个“美”字。他迅速将“兰大为美”的创意注册商标，并找人设计，开发出钥匙扣、胸针等纪念品，继“夏官营大学”笔记本后，又在兰大师生及各界校友中风靡一时。

直至今天，“兰大为美”的钥匙扣、胸针、书签还被兰大校方当作校礼，而这些都是任然还是学生时的策划产品。

其实，真正推动任然发展副业的，是他的爱好——收藏。

任然喜欢收藏，和众多收藏爱好者一样，他也喜欢传统文化，尤其是佛教。

工作后，他利用业余时间，在微博上注册了一个叫“佛教智慧”的微博账号，每天发些与佛教相关的内容，没过多久就有了100多万粉丝。

微博做起来后，任然把一些粉丝加进自己的微信。一开始，他无心在朋友圈发自己的“藏品”，没想到的是，竟然有不少人询问、请购，没过多久他还开张了，也就是有人出了几倍的价钱购买了任然的藏品。任然开始琢磨，是不是能“以藏养藏”。

任然是这样向我介绍他的心路的——

“我以前就喜欢搞点小收藏，随着参加工作，有了工资，开支越来越大，几乎在购买生活必需品之外的所有钱都花在‘败家’的事上了，比如买各类石头、文房杂件、破铜烂铁。

“当我接触到艺术收藏品这一块，发现只靠日常工资根本买不起。但这件事做起来了，又发现，日常工资其实在这些收益面前不算什么了，因为钱太好赚，随便转手一件东西，收入不比一个月的工资少。所以，慢慢地，我把这些零星的交易，利用业余时间做成了可以称得上副业的事。”

什么是可以称得上副业的事呢？

任然认为，能算得上副业，至少是自己有志于坚持做，能产生持续收益的事情。一开始，你很难明确要花多少时间，因为一开始，你并没有一个清晰的未来，不知道能做成什么样。在自然而然、水到渠成的过程中，逐渐花精力，逐渐有收益，才会意识到：噢，这是一个可以发展成副业的事。

从无心发藏品，偶然开张，到有意识地就藏品做经营，任然用了一年多的时间。

其间，微博运营 + 策划能力 + 产品变现，成了任然的盈利模式。

策划成为微博运营、吸粉的方式，也成为产品变现，包括藏品变现中重要的构成部分。

2015 年，任然在微博上发布“兰州大学骆驼驾驶证”，被网友疯转，成为热点事件。

这件事的缘由是——

有一种笑谈，骑着骆驼去上学是兰大学生的日常；笑谈越传越广，任然干脆按照驾照的形式设计了一个皮夹，就叫“兰州大学骆驼驾驶证”。这个皮夹，和当年的笔记本、“兰大为美”纪念品一样，兰大师生、历届校友成为任然的主要客源，校园里几乎人手一个。

这不过是任然大学时代的策划思路、产品线的延续。

他“一本正经地胡说八道”，抓住身份、经历优势——兰大毕业生，通过策划能力，提出创意，再找到设计、加工单位，将创意变成产品；用人脉优势——兰大校友圈及百万粉丝微博账号的影响力，把事情做成。

“兰州大学骆驼驾驶证”为任然实现了变现，其作为网红事件，又让任然的微博粉丝疯涨，他们中的许多人被任然加进了自己的微信，在微信朋友圈中，任然不只发布他的藏品，还出售他策划的一些文创产品。

这时，任然的副业收入远远超过了他在杂志社的正职收入。

他打造了一个闭环：自己做平台，自己策划、设计、生产产品，自己宣传，自己销售，自产自销，虽然规模不大，但是尽量做到整个过程中“不让别人赚一分钱”。

2015 年，任然离开读者杂志社，去天津和女朋友结婚。

他在天津与不同的人合作，折腾过各种各样的“项目”，但构成自己主要收入的，在天津购房、置产、买车的钱，都是靠在朋友圈经营艺术收藏品赚来的。

2016 年下半年起，任然感到经济下行，那些动辄几千上万的珠宝、玉石物件，普通工薪阶层消费有点吃力了。再后来“消费降级”成为大家挂在嘴边的一个词，任然逐渐意识到除了柴米油盐、衣食住行这些日常生活必需品之外，其余的提升生活情调的奢侈品，越来越难做。他已经转过一次行，从杂志社到自由职业者，从副业到主业，而目前这份主业又面临新的转型。

怎么转呢？

将粉丝再次变现。

我们梳理一下任然的粉丝获取路径和特点——

因为关注任然的微博账号，转而成为他微信朋友圈的个人粉丝，向任然买珠宝玉器等收藏品，他们的特点是相信任然，愿意消费，喜欢传统文化，注重生活质量，对审美要求高。

任然将粉丝的特点想明白后，决定——

即便经济很差，人们还是得吃喝，还是需要油盐酱醋。

古话说：“自古开门七件事，柴米油盐酱醋茶。”考虑一番，任然觉得开门七件事中，他只能做最后一个“茶”。

任然说："茶，和我很契合。喜欢喝茶的人和我一直以来经营的喜欢珠玉、文玩、书画碑帖的人群高度吻合，再加上，现如今不管是喜不喜欢、懂不懂，标榜喜欢喝茶的人越来越多了，所以，我明确了开发茶品的想法。只要产品足够吸引人，相对于之前价值成千上万元的珠宝玉器，茶，大家还是喝得起的。"

只是，茶没那么简单。连成功营销了背背佳、好记星、8848钛金手机的老板都知道做小罐茶了，更别说满大街的茶叶店。所以，找准定位，有好的创意，有鲜明的主题和过硬的品质，非常重要。

任然分析了市场——

靠走量、靠大肆宣传推广不是自己这种小作坊可以撑起来的。

当所有人都在追逐时代潮流的时候，逆流而上，或许也是一种生路。

所以，在大家都在追求销量的时候，任然决定做限量；大家都在追求越来越现代的时候，他决定走复古路线，在时代的洪流中逆行。

我们来看任然怎么把他最擅长的策划落实到一款茶的开发上。

他把茶定位为走纯手工限量、走品质、走格调。

靠这些年和相关从业者的交情，顺藤摸瓜，回溯源头，从 2019 年的春天开始留意，到秋天时最终敲定。过程中秉承一个原则：想要找靠谱的茶，首先要找到靠谱的人。

在具体茶品的选择上，也只遵循一个原则：一定是与自己最对味的。

这是任然的经验——从做收藏品开始，他就认为入手的东西，一定得自己喜欢，因为即便出不了，摆在自己手头也是一种享受。

他参加了武夷山斗茶大会，一家一家的茶叶尝过去，喝到胃痉挛。最终选到一款普洱，口感极佳，再和茶农、茶商一点点磨量、磨价格。

到了茶叶的包装阶段，就用上任然最擅长的策划。

根据任然的观察，喜欢喝茶的人基本都喜欢收藏各类茶器，于是，他根据早前看过的纪录片《茶，一片树叶的故事》以及一本书《茶烟外 · 罐藏》，决定做一款叶子主题的罐藏茶。

茶罐的设计，也开始于 2019 年春天，直到 5 月，任然才在参考了许多博物馆馆藏的茶罐形态后，纯手工设计出了自己想要的器型、大小、釉色、形态等。

最终，呈现出来的产品是一个刚好满手可握的、宋瓷风格的、纯手工烧制的、每个都不一样的茶罐。任然在整个过程中，做的工作包括告知设计师他的要求，审核最后设计成果，找到手工烧茶叶罐的厂家，最后做品控。

这样的茶叶罐，完全算得上艺术收藏品，加上一款任然从几十种茶品里精心挑选出来的已经陈放了近20年，而且还可以放更久的、越陈越香的普洱茶，再配上他写的文字宣传册，整体包装质朴、天然。

这一切构成了核心卖点，"一款茶与器皆可收藏的好茶"。

产品名字定为"一叶藏茶"。

一个小产品，从春天构思、夏天筹备、秋天各种试验调适，到冬天岁末年终，春节前正式发售，准备了大半年。

知道粉丝在哪里，需求是什么，买过什么，还可能买什么，倒推策划。按照这个思路，任然接下来的更多产品也都在筹备中。

任然表示，就像交叉学科是当前最容易出成果的科研方向一样，跨界创意也是当前做产品最好出效果的方向。

接下来，他会逐个推出主题茶品，研发周边产品，像文化主题茶具套餐、独家特色的茶具单品等，逐步从一个个单品，做成一种产品体系。

除了茶品与茶器开发，还会有茶空间、书房空间的空间陈设艺术品，从书桌上的小摆设、到墙上的挂画，一系列产品下来，整体构成雅致器物与生活的主题。

任然的品牌名现在定为“见心”，你可以理解成一见倾心，也可以理解为，人最重要的是看见自己的内心。

可以说，任然是标准的用创意、用执行力变现的策划人。而策划，不只是写个策划案那么简单，它是从一个创意到一件可以见到的事。无论是一场活动，还是一枚胸针、一个茶叶罐，都需要完整的落地能力。这能力就是看清楚此岸到彼岸的距离，中间我该怎么办的能力。

最后，我和任然一起为想走通策划变现之路的你，一起总结了四点必备要素：

第一个要素，盘点个人过往经历中，有没有明显体现策划能力，以及将策划能力落地的作品。

第二个要素，你有策划能力及作品，但你仍需在某一个领域深耕。

第三个要素，你得清楚地知道自己能做哪个环节。你很难策划全程，但从一个创意开始，到最后变成产品，你要做你最专业的那部分，顺便去把控整体。就像任然，他做创意、传播、品控，其他事，无论是具体茶叶的生产，还是茶叶罐的手工制作，包括之前“兰大为美”的胸针，他都是把专业的制作环节交给专业的人去做，找到那个专业的厂家和人即可。

第四个要素，善于用第一产品吸引用户，用第二产品变现。当你开发新产品时，曾经的第二产品就会成为第一产品，成为你宣传的工具，比如“兰州大学骆驼驾驶证”。能买你这一批产品的用户，就可以买你另一批产品，你要做的，只是研究他们的特点，琢磨他们的需要。

3.6 经纪变现

这一节我想聊的副业领域是经纪变现，我们将一起去见见日常靠做经纪人变现的副业达人——晓鑫。看一看，在我们常规认知的演员经纪、名人经纪之外，还有哪些可开发的经纪领域，你又能给谁做经纪？

我们先来了解一下晓鑫。晓鑫，在电视台做制片人，已经15年了。

她从基层做起，熟悉这个行业的各个环节。晓鑫早年做法制节目，见惯血腥残忍的大场面，和全国各地的法官、警察、医生都打过交道，也让她多了普通女孩没有的江湖气。

一句话，见过晓鑫的人，都觉得她是个有见识、有担当、够朋友的女中豪杰。

这些年来，晓鑫一直没少折腾。

折腾，究其根本是因为深深的恐惧。表面看起来晓鑫的人脉很广，但她一直觉得，别人尊重的是她的平台、身份，和她本人无关。电视台内部竞争一直很激烈，如果有一天不想干了，干不动了，领导不让她干了，她还能剩下什么？又有多少是属于她自己的朋友和价值？

晓鑫利用在法制节目的积淀，想过出书；她还为影视公司提供案例和原型的资源，拍恐怖电影；业余有时间，她就接点网站的活，拍些视频；但这些，似乎都没用上她的核心竞争力以及她最大的优势。那么，晓鑫最大的优势到底是什么呢？其实是她身处信息不对称的传媒行业，可以让自己成为传递信息的桥梁。

一次，晓鑫在河南拍片，当地一位医药行业的大咖和她聊天。

大咖说：“晓鑫老师，你在工作中认识那么多名医，如果你有更多平台可以展示这些名医，包装他们，将更多知识和产品带给观众，让观众付费得到好的服务，获得健康知识，就能最大程度地发挥你的价值。”

晓鑫回去一琢磨，果然是，“能被我采访的医生，都是在细分领域首屈一指的专家、名医，同时，我还认识另外一拨人，那就是需要医生、需要医学知识的平台的工作人员，像各类电视台、各类养生节目的负责人，各种课程App的编辑，这两拨人高度契合，却大多互相看不着、摸不到”。

而且晓鑫在电视、传媒领域摸爬滚打这么多年，同类型、不同档次的平台，她了如指掌，什么样的活动宣传影响力大，什么人适合什么样的包装、展现方式，她凭本能就可以脱口而出。因此晓鑫萌发了开展副业的想法，并很快确定了副业方向：给医生做经纪人。

不只为挣钱，晓鑫后来梳理自己的副业路线图时也表示：“之所以选择做医生经纪人，很大一部分原因是，我工作中确实每天都在和医生打交道。医生，尤其是西医，都是学霸，他们在专业领域很强，但自己的推广能力很弱。有的人在自己的岗位干一辈子，医术很高，并没有圈外的人知道他们，收入也很一般。其实，医生完全可以通过扩大影响力，挣更多的钱，挣和医术相匹配的钱，得到市场、价值的肯定。

“同时，我在各种场合又看到许多‘大忽悠’，代言各种健康类、医疗类产品；购买的人，其实是交了智商税，买到的产品也几乎没什么作用。所以，我特别想做的，就是让真正权威的人发声，让他们站在镁光灯下，站在话筒前，让他们露脸，让老百姓能够听见这个声音，不再被乱七八糟、非专业的意见误导。”

而在生活和实际工作中，晓鑫越来越强烈地感觉到——

“我们国家，医疗资源分布不均，好医生大多在大城市，生活在三、四、五、六线城市的人很难遇上高明的医生。如果我能为医生做经纪人，帮医生用各种知识输出方式科普，让全国老百姓，无论生活在乡村、城市、草原、海边，无论哪一类人，都有一些基本的医学常识，不至于患一些可以不患的病，患了病之后，也不至于犯一些特别低级的错误。”

想清楚后，说干就干。本职工作驾轻就熟，且不坐班，晓鑫有足够的时间、精力做副业。为此，她制订了以下副业计划：

她先从相熟的医生和医院开始，特别是本身就有宣传自己需求的医生，他们和晓鑫关系不错，合作意愿度很高。还有一些医院，尤其是私立医院，想打造“明星式”医生，也很愿意和晓鑫签订框架协议。

那么，晓鑫能为他们提供什么服务呢？

晓鑫能为这些医生量身定做宣传、推广方案，包括在全国各地的电视台、视频网站的养生、健康类节目做嘉宾；

接受媒体访谈；出版图书；制作知识付费课程；代运营自媒体平台，如微博、微信公众号、抖音等。

同时，还能帮助医生联系出席重大的行业会议、公益活动，突破所在地区、医院的限制，去其他地区的医院问诊、做手术。

相信你会更好奇，晓鑫做医生经纪人的收入方式是怎样的。实际上，晓鑫副业做经纪人，收入主要有三种方式：

第一种，代理经纪的医生会按月付费，也就是一个医生一个月给晓鑫多少钱。

第二种，有推广本院名医的医院，会和晓鑫谈一年的打包价格。比如北方某地的医院和晓鑫签的框架协议是，一年为本院医生提供50次媒体曝光的机会，价格为多少钱一年。

第三种是分成。无论是知识付费课程，还是图书，以及代运营的自媒体平台渐渐有了广告收入。这些钱，名医和晓鑫有一个利润比例的分账。

其实，在做经纪人的过程中，晓鑫也遇到了几种困难。

首先，是医生面对新的工作形式不适应。

课程也好，公益活动和讲座也罢，虽然传递、输出的仍然是医生固有的专业知识，但是工作形式变了，对医生来说，完全是另一个领域的事情。同一个人，可能站在手术台前无比自信，站 7 个小时也没有问题；号脉时，再复杂的脉搏对他来说也是小菜一碟；可一旦站在摄像机前，即使讲的是最熟悉的知识，也会变得不自信。

因此，晓鑫做经纪人，除了为医生做市场推广，还要对医生进行和个人 IP 相关的知识普及、心理辅导，甚至社交方面的辅导。

其次，还有一种困难，就是签订协议。

所有合同都是从无到有，晓鑫合作的律师是她多年的朋友，曾经做法制节目时就合作过。律师说，我从没做过这样的合同，以前只听说给明星做经纪人，给作家、讲师做经纪人，没想到，还有给医生做经纪人的。

而晓鑫表示，她庆幸自己选择的是医生，因为医生相对来说素质很高，有规则意识，把双方要做什么、怎么配合写进合同里，或许合同推敲花时间，但合同一旦签订，大家就按规则办事，少了很多烦恼。

最后，你认为晓鑫一个人做得过来吗？

这是一个循序渐进的过程。晓鑫刚做医生经纪人时，只和熟人合作，将两拨熟人——媒体熟人及医生熟人牵线。渐渐地，手中合作的医生多了，也有医院和晓鑫签框架协议，整体打包包装医院的医生了。晓鑫感到一个人有些吃力，也收到了一部分预付款，于是，她一面找律师，将合同更加规范，一面从实习生、自己带过的徒弟中挑选合适的人，将他们分为几类，即负责媒体联络的、运营自媒体的、拍摄视频的等。最后，晓鑫组建了一个副业团队。

当晓鑫手上有10份合同，带着4个年轻人一起做副业时，她去河南出差，约曾指点她的医药行业大咖吃饭并致谢，感谢大咖为她指了条明路。她终于在平台之外，找到了自己的价值，和做经纪人有关，资源、人脉、具体业绩就是属于她自己的，谁也夺不走。

让人意想不到的是，大咖提出和晓鑫合伙，把这份经纪工作往更大的规模去做。

对于主业，晓鑫不想放弃，因为目前主业反倒成为晓鑫引流的方式。

通过主业，晓鑫能认识更多的医生，了解更多传媒行业、医疗行业趋势，帮助她把副业做好。

以上，就是晓鑫的故事。

总结一下，晓鑫作为一个医疗节目的制片人，天生的优势是专业、身份、经历。

此外，她为人豪爽，有大格局，就不会计较一分两分钱的得失。别人和她合作，通常都很愉快，她做经纪人为了挣钱，在挣钱之外还有更高的追求，这就让高素质的医生群体对她更加信任和赏识，也规避了违法行为，以及对不科学的医学知识、产品传播和销售的风险。

做医生经纪这一跨医疗与传媒两个行业的性质，晓鑫最先发挥的是她的人脉优势，将两拨熟人——医疗界的名医和传媒界与医疗工作相关平台的负责人对接。

对接熟人，不是简单的介绍，而是想好产品形式。对于客户，名医和名医所在的医院来说，晓鑫提供的产品是电视、网站节目，运营自媒体，图书出版，课程制作，讲座，行业会议等。衡量的标准是曝光率、曝光平台的档次，以及有流量后医疗产品的销售，比如，高端体检、早癌筛查等。

晓鑫还利用身边年轻人多的优势，及时招募助手，搭建团队。

先签合同，让工作规范化；有了合同，有了业绩，再和人谈，就会有底气，更容易得到帮助、投资。

在包装医生的过程中，晓鑫梳理了整个流程的环节，她可以在包装医生时，先赚一笔宣传费用，也可以在流量变现时，再赚一笔分成费用。

晓鑫对我说，她现在要建立一个自己的自媒体平台，让所有医生的视频、发言、代言产品先在她的平台发布，还打算将医生们的粉丝集中做成一个个微信群，晓鑫的业务将扩展到帮医生运营社群，达到为她的自媒体平台引流，销售变现的目的。

无形中，晓鑫打造了一个副业闭环。

回过头来说说我们吧，我们能做什么样的经纪人呢？通过晓鑫的故事，至少我们可以得出以下启示——

你是否适合做经纪赚钱？如果你身处一个明显信息不对称的行业，甲方和乙方之间隔着一条鸿沟，而你恰好和甲方、乙方都很熟，通过甲方、乙方的信息不对称，你可以选择做一个桥梁，做桥梁就是做经纪人。

如果你有做经纪赚钱的条件，接下来要想好服务内容，也就是你能为代理经纪的人提供什么服务，他们为什么要付费给你？

想好产品，服务本身当然也是产品，除此之外呢？有没有可以继续开发的新产品？

想好你在哪个环节挣钱。

想清楚可取代性在哪里。如果你代理经纪的这件事，对方也可以找人做，你的优势在哪里？是你能给他联系的客户多，价格高；还是这一类人原本怕麻烦，不想和陌生人打交道；还是你有团队，能提供一整套服务？

想清楚自己的流量池，比如晓鑫，她不会离开主业，因为主业才能源源不断给她提供信息、人脉。

事情要从小到大，循序渐进完成。等做大时，再扩张团队。

事实上，在一个行业做久了，每个人都能做经纪人。

比如，我是一位作家，我熟悉出版的各个流程，也认识很多出版方，我知道一部作品如何最快最准找到合适的出版方，我可以做作者经纪人。

我认识一个公关公司培训部的姑娘，她手上有许多知名讲师的资源，都是工作中获得的。同时，她又有很多同行，行业内类似的单位有培训的需求。她业余的时间，就帮讲师做经纪人，将合适的讲师、合适的讲座主题，发给她认为对应的培训平台，与讲师二八分成，她拿二。

我生孩子时的月嫂，是她所属公司的金牌月嫂，服务过很多客户。当客户推荐客户，客户又生了二胎，纷纷回头来找她时，她做不过来，就联系其他的月嫂，这样的事越来越多，于是这位月嫂干脆在主业做月嫂的同时，副业充当起月嫂经纪人，收入不比当月嫂少，因为介绍成功一单，她就会拿20%的抽成。这位月嫂今年已经50岁，一次聊天，她对我说，做这行对年龄、精力都有要求，做完今年，她就打算回老家，一边利用原有的客户资源和对婴幼儿的了解，和女儿、女婿一起开个淘宝童装店，一边继续做月嫂经纪人，把老家的适龄女性推荐到大城市，为过去的客户找到合适的月嫂。

可见，所谓经纪人，没那么高深，但也没那么简单。有中介的成分，又不只是中介，还需要有资源、有判断，有包装能力、表达能力、统筹能力，当你把对的人安排到对的岗位，做对的事，就能得到对的收益。

4. 我没有优势，能做什么副业

4.1 无门槛副业怎么赚大钱

前面我们见识了六位副业达人，也许你会说，这些人的优势太明显了，要么有平台、有资源，要么本身就有非凡的才华，在某个行业有深厚的积淀，别人无法复制。有没有一些完全没门槛，我不需要有优势，就可以做的副业呢？

答案是：有！

我在百度上搜了我所在的城市加上“兼职”两个字，就搜索结果，粗略地统计了一下，以下副业，毫无门槛——

网约车司机，

快递员，

外卖员，

保险经纪，

房地产中介，

家政工作者，

餐饮服务员，

网店客服。

你看，除了网约车司机需要有驾照，以上副业只要有时间，肯出力气，随时随地都能就业。

此外，在我们的常识中，在地铁边摆个小摊，卖手机壳、贴膜，为路边店发传单，做做临时工，也都算无门槛的副业。

如果你有闲置的房产能出租，你可以当包租公、包租婆；如果没有房产，将闲置物品放在二手网站上，定期处理、循环，做二手买家、卖家，也可以算是没什么门槛的副业。

那么问题来了，在这些不需要特长、优势的副业领域，为什么有的人做得好，有的人做得差？

问题又来了，有些人本职工作就是以上我说的几种，比如你就是一个快递员，副业还能做哪些呢？

下面我们就看几个真实案例，看看没有优势的副业怎么做才能脱颖而出；本职工作就没有门槛，副业又该怎么做。

首先，我们来看“网约车司机”这个无门槛副业。

从滴滴刚出现的时候，许多人就选择跟着大潮流，做了网约车司机，下班跑、周末跑。做网约车司机不容易。

第一个不容易是，会遇见各式各样的乘客，有的乘客蛮不讲理。

第二个不容易是，乘客一旦给网约车司机打个差评，就会给网约车司机带来恶劣影响，像接单难、收入少。

曾有一个网约车司机抱怨，他碰到过极品乘客，上车嗑瓜子，将瓜子皮随意丢弃在车内，司机忍不住劝了一句，结果就直接被差评了。

还有的乘客，不管你开没开空调，上来就抽烟，搞得车内乌烟瘴气，司机怕被给差评敢怒不敢言；而下一个上车的乘客，则会因为空气不好又给出差评。

很多人放弃了，很多人苦撑着，很多人觉得网约车司机就是夹心饼干中的那一层，难，难，难。

我们要介绍的这位网约车司机，叫高松，男，做网约车司机好几年了。

同样是做网约车司机，他接到的投诉几乎为零，在同样时段跑同样路线，他的收入有时是同行的两倍之多。高松是怎么做到的呢？

首先，高松总是站在乘客的角度，从服务入手，注重每个细节。

比如说，停车。

要知道，现在的大城市，不是想停车就能停车的。

遇到不能停车的地方，一旦出现违章，扣分、罚款，再正常不过。于是，很多网约车司机开到目的地附近，发现目的地不能停车时，就会停在一个他们认为好停车、方便的地方，再打电话给乘客，让乘客自己走过来，或提前告诉乘客，“你就在路边，看到我的车牌号，马上走近，打开车门，上车就走”。

这两种方式，对于司机是方便了，对于乘客来说都不太方便。

尤其是乘客不会每次都在熟悉的地方打车，有时他只是换个方向、走几步就能找到网约车，可换什么方向、走多少步，在陌生的地方马上就晕头转向了。再说，乘客也不是每一次都孤零零一个人上车，遇到行李多，再带着孩子，换方向或走几步，如果再遇上刮风下雨，车多人多，无异于受罪。

高松采取的方法是，尽量把车停到目的地，没法停的话，就停好车，自己走下来，打电话问乘客，您在哪里？我去接您。

主动去找乘客，而不是坐等让乘客找，高松的好评率就没低过。

又比如，微笑服务。

高松要求自己保持微笑，保证客人舒心。遇到没素质的乘客，做到自己有素质。

他还特别注意和乘客的说话艺术，通常乘客上车，高松一定会说五句话——

第一句：“请问您是手机尾号 XXXX 的乘客吗？”避免误接。

第二句：“请问我是跟导航走呢，还是您指挥我走呢？”避免乘客认为他绕路。

第三句：“请问您着急吗？如果着急的话，我给您快点开，保证安全，不超速。”让乘客放心，并满足他们具体的要求。

第四句：“我在车上准备了矿泉水，就在座位两边，请慢用。”

要注意，一般来说只有专车才有矿泉水提供，可是高松要求自己，开的是快车也提供这样的服务。

到了终点，高松还会对乘客说：“您看您对我的服务还满意吗？如果满意的话请您给我一个好评。”

这比一些司机为了好评威逼乘客，不给好评不开车门要顺利得多，合情合理得多。

如果只是服务上讲究，高松不会领跑同行，他还有本能的数据分析意识，根据搜集来的数据、自己跑车的经验，总结出一套接单技巧，还绘制了接单地图。

先来看高松总结的接单技巧——

高松每天工作结束，都会总结今天去了什么地方，哪里人多，需要用车的人也多，比如，热闹的商业区、各大学，全天的单子多；一些大型广场的周边或相对比较偏僻的地段，难打车，出租车也少，在合适的时段出现，基本上都不会走空。

关于什么是合适的时段，在哪里接单合适，高松有一套详细的笔记——

上午 7 点到 10 点，是早高峰，人们大多从家里去公司，高松会在小区附近、酒店门口等待接单。

10 点到 11 点，哪里的单子都少，高松一般会干脆放弃，在车站、写字楼附近停下来，休息一下。

11 点到 14 点，这个时段是午饭时间，在大城市，有很多商务人士会趁这个时间约个简单的饭局，因此，高松会回到小区、写字楼附近，因为从这些地方去吃饭的地方的单子多。

14 点到 17 点，这三个小时高松会向市中心、商业区、学校走。

17 点后，就是晚高峰了，高松会去办公楼、写字楼，而不是商场、酒店、小区附近，他一直叮嘱同行，一定不要乱跑，费油、费精力，还没单子。

19 点到 20 点，他依然靠近写字楼，靠近热点商场。

20 点到 22 点，是娱乐时段，他会向小区靠近，或者向吃饭的地方靠近，比如大排档、火锅店。

22 点到 23 点最热闹，最容易议价，因为许多商场关门，大部分公交车停运，高松会把车靠近最近的商场，至于 23 点后，他会在夜宵店、酒吧附近出没。

做时间的笔记，做地点的笔记，统计好数据，绘制自己的接单地图。

高松和别的司机不同，他认为，大家都用一样的数据，都去一样的地方接单，会堵车，会造成车多，用车的人不够分。于是，他就研究、绘制动态地图。他在自家的墙上挂了许多幅地图，综合自己行车的数据，汇集其他同行的数据，绘制了一套自制的“静态热力图”。

他一天最多收集过 200 多辆车全天的数据，总结出什么地方会出什么样的单子，总结后还分享到车友群中。同行按照高松画的图跑，每天的流水能从三四百元提高到 500 多元。

高松想把这套经验和他绘制的地图分享给更多的人，于是，在短视频平台快手上开通了他的名字加职业为账号名的直播，就叫“高松网约车俱乐部”。

直播让高松的人气更高，越来越多的同行把他当作偶像，越来越多的乘客知道高松是个好司机，不仅他所在的网约车公司把他评为“年度十大好司机”，他的名声还破了圈，他参加过“知识春晚”，做演讲嘉宾，还作为网约车司机的代表，带着妻子，上了央视的综艺节目。

你看，从顾客角度出发，用好的服务，攒好评。每天复盘今天发生了什么，总结出时间、地点的规律，让工作日的每个工作时段都有针对性的动作，还有时间休息；把笔记升级，变成动态地图，和同行分享，就能搜集更多的数据；当这些成了方法论，高松又借助最新的媒体形式，为自己扩大了宣传，树立了个人标签。

讲到这里，你有没有一股想投身无门槛副业的冲动和启发呢？

4.2 无技术人士怎么做副业

很多人见识了副业达人网约车司机高松通过服务和笔记，在这一没有门槛的副业中做到了顶尖，都觉得佩服无比。这一节，我们再见识另一位副业达人，他就是兼职送外卖的小陆。

小陆，男，2020 年 6 月从原公司离职准备创业，由于经验不足，一时间货源不到位，空窗 4 个月没有收入；巨大的经济压力使得他放下 211 大学毕业生的身段，送起了外卖。

为了送好外卖，小陆首先研究了当前的外卖平台。

目前的外卖平台中，最大的两家是美团和饿了么，两个平台的外卖员都分为专职与自由接单两种，美团的兼职叫美团众包，饿了么的兼职叫蜂鸟众包。小陆认为跑众包，时间比较自由，如果经济情况好点，他还能换别的工作，可以随时走，因此他选择了众包。

定好了兼职方式和平台，小陆买了个平台专用的头盔，还买了个二手箱子，加上一辆电动车、一部智能手机，这些成本投入，相比创业已经非常小了。

再来说说送外卖的突围技巧。做外卖员，尤其是毫无保障的众包外卖员，需要抢单，可以说能抢到多少单就决定有多少收入。

小陆研究了一段时间，发现能够月入过万的骑手，一定要在刷出一堆单后，立刻分析出每一单的性价比，决定哪些单能接，哪些单不能接，哪些单可以同时接串在一起送，哪些不能。为什么每天跑同样的时间送外卖，有的人收入就高，有的人收入就低，差距就在抢单、判断这一瞬间。

小陆分析了一下，一般来说，1 千米内的单最受外卖员欢迎，哪怕单价低。

超过 3 千米的单，哪怕单价是近单的两倍，性价比也不如近单。

可是，抢单有时是在几百人中抢，能给你的判断时间极短，有的单你只有几秒钟的时间选择，真的是秒杀啊！因为超过几秒钟，已经有人抢了，怎么办？想送好外卖，先要锻炼反应能力，这就是外卖突围的第一个技巧。

除了反应能力，还考验对送外卖区域的熟悉度。

小陆过了抢单这关后，对附近小区做了一个评估。

一些新小区高大上，进门要登记，时间会长。

一些老小区没有电梯，遇到楼层高的，全靠外卖员自己爬。

一些小区很大，外卖电动车不能进小区，全靠外卖员在小区内跑，耗时间、耗体力。如果小区地形又复杂，光找对门牌号码，就要花 10 多分钟，而这 10 多分钟，已经能让顾客因迟到而投诉，让你这一单白接了。

一些小区看似距离近，其实要绕路。

比如，有一次小陆碰到两个单，一个 500 米，一个 1 千米，但 500 米的单要过两个红绿灯，1 千米的单则是一条直路，小陆衡量了一下，果断接了 1 千米的。

小陆送了 3 个月外卖后，成为同行中的翘楚，月收入过万。

第一个月，他没有着急增加收入，一开始一天只接几单，但确保每单都能及时送到，任务完成得好，第二天再加。

此外，他只跑自己熟悉的区域，附近几个小区，每一栋楼在哪里，每一条街有多少个红绿灯，他都记在心里。

小陆还发挥了他身体好的优势，学生时代的小陆曾得过区里铁人三项的冠军，送外卖后，他发现自己比一般人都跑得快、耐力强，于是他又恢复了每天锻炼的习惯。

小陆表示，送外卖的门槛很低，但任何行业，要做到比大部分人好都要付出加倍的努力；再低门槛的行业，都有专业一说。

小陆的专业性就体现在，反应速度快，地形熟悉，以及跑得快。疫情期间，有好几个熟人看到小陆送外卖也能养家糊口，都跃跃欲试，小陆是这么告诉新手外卖员的——

关于外卖地图和线路。

你要仔细研究地图，把地图分块，并尽量记住一些重要的客户所在区域。

尽量接一个区域的单子，不要哪儿的单子都接，顺路的单子多接，就可以多送几单。非送餐高峰期，多逛逛自己经常送单的区域，把每个小区的东、南、西、北门，每一栋楼的位置，都搞清楚，不能到送餐时，才着急忙慌地找位置。

从同一个餐厅拿到许多外卖单子，每个单子都是一个不同的地址，先别着急，合理规划自己的送单行程，送单的路径规划得好，可以节约送餐时间，提高效率，还能在自己和自己玩的游戏中获得成就感。

关于平台和商家。

每次送单的时候，都要大致摸清商家的套路，一些商家处理外卖单比较缓慢，一些则很快。因此，送多了、送熟了，你可以把派餐慢的餐厅稍稍往后排，先去取那些派餐快的商家的单子。同时，送餐路上要注意安全，在保证餐品完好无损的前提下，再说快捷。否则，送得再快，但送的都是残破品，没几天你就破产了，因为你赚的钱还不够赔的，顾客对你的投诉，也足以让平台、商家把你拉黑。

关于客户服务。

首先是提前几分钟给客户打电话取餐，可以省去很多等待的时间。其次，再累也要记得笑脸对待客户。

最后，是关于路上的效率：保证交通工具的正常使用，电动车要及时充电，并保证能跑比较快的速度，车辆的性能也比较稳定，有好的避震装备；遇到楼层数不是很高的外卖单，也不一定非要死等电梯，体力好就步行上楼吧。

有一种说法认为，脑力劳动者如果身体好，就能赢过同行；体力劳动者比同行多动点脑子，就会脱颖而出。越是没有门槛的副业，越是看谁更用心，用心者胜；无论做多么传统的行业，都要研究、借助最新的技术、媒体形式，为自己助力。

做好时间管理、有自己的工作地图、提供优质的服务，会让你马上跑赢同行。你看，兼职做网约车司机的高松和送外卖的小陆，都是运用了这三点心法。而这三点的重要性，在我们接下来要解决的一个问题，“本职工作已经没有门槛，我还能做什么副业”中，会体现得更加明显。

以下是几个真实案例。

我认识的一位顺丰小哥，每天在我们小区各栋楼中穿梭，人缘很好，见谁都打招呼，谁家住在哪里，叫什么名字，他几乎都能对上。

这位顺丰小哥，几乎加了所有客户的微信，因为我们要付快递费，大家都愿意采取微信支付的方式。

疫情期间，顺丰小哥不能上门，就在小区门口支了个摊，每日收发快递，又冷又累又危险，很辛苦，大家都看在眼里。

这时，酒精、口罩、消毒液等疫情期间最紧俏的物资，是人人都关心的。朋友圈里，卖这些东西的人很多，可是又有谁卖的东西可以打包票是真的呢？

顺丰小哥就能打包票。

因为，他在朋友圈中晒出的货品信息，都是顺丰电商平台上的，顺丰小哥已经用他的服务赢得众多用户的信赖，他所在的平台对货品质量也有强有力的保障，我就从他那里买过泡腾片、84消毒液，我还看到几个邻居在顺丰小哥的卖货信息下评论：“还有吗？”

可见，不是我一个人在下单，生意好得不得了。

我甚至见过有邻居发快递时，问顺丰小哥：“哎，我最近还想买点××，你们公司网上有卖吗？”

顺丰小哥回答：“看我朋友圈，时刻关注噢！”

讲到这儿，你听出来了吗，本职做快递的小哥，他的副业是朋友圈卖货，而且卖得很好。

另一位，是我们楼道的一位家政阿姨。

我所在的城市从开始实行垃圾分类那一天起，就有很多住户为干垃圾、湿垃圾怎么分感到头痛，另外楼下垃圾箱不是每时每刻都开，错过了收垃圾的几个固定时间段，今天的垃圾都清理不了了。

怎么办？

大家硬着头皮分了几天垃圾，扔了几天垃圾，忽然发现，电梯里多了一张告示。

谜底不用猜了，我提到的这位家政阿姨，服务于本楼道的一户人家，她决定代理这个楼道的垃圾分类，每家每月付50元，只要晚上睡觉前把垃圾放在门口，她一早来拿，分好，扔好，您就不用操心了。

我帮她算了笔账，一层楼4户人家，35层楼，一共140户，每户50元一个月，就是7000元的副业收入。当然，不是每户都会成为她的客户。我遇到这位阿姨时，问了下她的营业状况，除了我们楼道，本栋楼、隔壁楼道，她也贴了告示，一共100户人家和她保持了这个合作。

目前，她一个月有5000元的扔垃圾收入。

这就是我想和你分享的，在主业已经没有技术含量，似乎人人都能做的情况下，再做什么副业。

其实就是瞅准机会，看看有没有你可以捎带手去做，在同一时段可以批量处理的简单劳动，而这些简单劳动是不是能解决一些人的麻烦？或者你在做主业的同时，有没有赢得一部分人的信任？用这些信任和合适的产品去变现。

总之，要把没有门槛的副业做到排头、领跑同行，其中的终极门道就是三点：第一点，做好个人工作时间管理；第二点，有自己个性化的工作地图；第三点，提供差异化的优质服务。

第三章

优势发展：做副业需要哪些能力

1. 自我管理能力

1.1 你需要三张白纸

如果你已经对要做什么副业以及怎么做，思路清晰了不少，甚至已经开始行动了，接下来这几种副业能力或许能让你如虎添翼。所谓副业能力，就是能让你高效达成副业目标的计划能力，快速向前推进副业的社交能力、表达能力和营销能力，以及就算你迟迟找不到自身优势但依然能马上投身副业，在人人都可以做的副业中脱颖而出的能力。

我们先来谈谈第一种让你如虎添翼的副业能力：能让你高效达成副业目标的计划能力。

上一章我们提到了，做副业需要一张完整的路线图，就像行军打仗，必须有作战地图。但是光有地图还不行，还得有详尽的作战计划，你要清楚地知道，“今天我要攻哪儿，这个月我能拿下哪儿”，只有握有这样一份系统的操盘计划，你才能沿着路线图，不分散、损耗任何不必要的时间、精力，稳步向前。所谓“高效达成副业目标”，也不过如此。

所以说，完整的副业操盘计划，是由副业路线图叠加一张张阶段性计划表而成的。路线图上的每一个小目标点，在实际操作时都要放大成一张计划表；之后，再用一个个工作日下的具体任务填满，逐个击破，最终实现全盘制胜。

以上这些听起来似乎有些完美主义，的确，在具体执行的过程中，你会碰到不太一样的情况，比如你可能先有路线图，那接下来，你就需要将终极副业目标拆分成月目标、日目标，再根据一个个小目标制订整个操作计划；再比如，或许你根本预测不到、顾及不了那么长远，精力、能力只够得上做好眼前的事，也没关系，那就先为这些“眼前事”列好计划，完成之后，再为下一件“眼前事”做好计划，最后把一张张计划表叠加起来，看着走过的路，以及正在走的路，未来的路以及整个路线图，也就能渐渐描画周全了。

你知道吗，制订计划并非是“把任务排排座”那么简单，它真正的核心是目标管理、时间管理、精力管理，以及自我投资四个方面，而且，在做副业的不同阶段，这四个方面的侧重和优先级并不相同，做错了，你就会手忙脚乱。比如，在从事副业的初期，我建议你优先考虑“时间管理”，以“时间进度”为轴制订计划；在对“时间”的管理中，逐步实现精力管理、目标管理和自我投资这三方面的事。这样的副业管理方式，对于副业入门者来说，是最简单、最容易掌控的。

具体怎么操作呢？

先找来四张白纸，我们分六步走，其中包括列计划，做初稿和逐步修缮等过程，最终，你会看到一份可执行性计划表。你先在“第一张白纸”上画一个简单的表。对，就是我们上学时常用的课程表，以周为单位，标上一二三四五六七，把一天的时间划分成四个大段落，上午、中午、下午、晚上。为什么要用课程表的方式呢？因为课程表我们都很熟悉，不会看着计划表产生阅读障碍。学生时代纪律性很强，有类似课程表的时间表，不自觉的，你就会回到那个强自我管理的记忆区。

好，回到白纸。你要做的第一步工作，是确定“我一周能拿出多少时间做副业”。把一周中的哪几天，每一天的上午、中午、下午、晚上，具体几点到几点，在表格中标记出来。在表格的下方汇总计算一下，“我一周能用来做副业的时间总和”。

之后是第二步，拆分副业任务。在“第二张白纸”上，把你要做的副业目标写下来。目标，要从终极目标列起，倒推到年度目标，半年，三个月，一个月，最终落实到周目标。

现在再来看看周目标对应的任务，哪些是需要协作的，哪些可以独立解决；哪些需要外联，哪些需要闭门制作、创作；是否需要参加与之相关的培训、学习、交流、分享和社交。你看，这已经涉及“自我投资管理”了。

接下来，你需要将这些任务标记成两类，一类是用整块时间完成，一类是用零碎时间完成。一般来说，制作、创作要用整块的时间；外联可以用零碎时间；而和平台、他人合作的，你要找到你和对方时间的交集，再依据任务性质和任务量决定，是归为整块时间那一类，还是归为零碎时间那一类。

到了第三步，你要做的事是将整块任务和整块时间连线。把需要完整、固定时间段完成的任务，对应填进第一张白纸，也就是周日程表中的空白时段；让一周中的哪几天，几点到几点做整块任务，一目了然。

当你把整块时间和任务安顿好了，接着，我们该来解决零碎时间和零碎任务的问题了。一般来说，我们不太容易感知到“零碎时间”的存在，比如半个小时一眨眼就过去了，你会在意这一天里那么多个半小时都是怎么过去的吗？所以，我们可以再次借助“课程表”这种形式，将不易察觉的“零碎时间”变得具体、可感知、可高效利用，这正是我们要做的第四步工作。

怎么变呢？方法是这样的：我们以半小时为单位去拆分每一天，也就是一天 24 个小时可以划分出 48 个小格。现在你再来看，你有哪些小格还空着？那些不需要完整、固定时间段做的事，是不是正好能拆分成一小块一小块的任务，塞进这些小格呢？赶紧对应着填进去吧。

前四步做完之后，这时你会发现两个问题：第一个问题是，时间好像不太够用。比如你一周能拿出来的时间，一共 10 个小时，但是要完成副业的周目标，需要一周 12 个小时的付出。第二个问题是，任务不能恰好对应空白时间段。比如你加入了一个微商团队，培训时间在每周三晚上 7 点，而这时你的孩子正好上网课，你必须陪伴孩子；又比如上一章提到的灰小白和陈晨，生意好得不得了，现在正值暑假，有很多家庭把剃猫毛的时间约在了周一到周五的白天，也就是下午 5 点前，而这段时间两人都在上班。没关系，别着急，这只是一个初稿，当我们把这两个问题解决完，可行性计划就自然而然地完美呈现了。

我们先来解决第一个问题，“时间不够用”的问题，有三个解决办法分享给你。

第一个办法，做减法。哪些事我可以不做？把它从表格中圈出来，划掉。

第二个办法，是借用外力。哪些事我可以找人做、花钱做？事实上，我们生活中有 90% 的事都可以不做、找别人做、找机器做。

第三个办法，叫时间折叠。也就是哪些事我可以同时做，可以批量处理。

解决完了“时间不够用”的问题，我们再来解决“任务不能恰好对应空白时段”的问题，也有解决方法。方法总比问题多嘛，在这个问题上，我本人常用四个方法。

第一个方法，是协调。孩子上网课和微商团队的培训冲突，你可以选择事后听培训的回放，也可以选择给孩子调整上课时间。或者用时间折叠法来协调，戴上耳机听培训，人坐在孩子身边，关注着他的网课，毕竟孩子的网课大人不过就是提供个技术支持、端茶倒水的服务嘛。

第二个方法，是任务替换，任务替换也是协调的一种。比如，要完成副业任务 A 需要两个小时，原计划要在周二下午去做，但周二下午时间被主业任务 B 占用了。去看看计划表，发现周四下午有两小时空余时间，但无奈副业任务 A 无法协调到周四，那你就把主业任务 B 协调到周四，让任务 A 和任务 B 互换一下。

因此，我们之所以要在第二张白纸上把副业所有环节、任务，以及完成它们所消耗的时间都列出来，就是为了“切块”，把任务切块，把时间切块，这样当你遇到不可避免的“任务撞车”情况时，就可以非常快速地处置，不慌不忙、不焦虑地按照计划表，替换相同耗时的任务。

第三个方法，是将任务继续拆解。完成一个任务需要两个小时，是不是能把这个任务继续拆解，拆解成 4 个小任务，安排在 4 个不连续的小格里分别完成呢？同样，如果把零碎任务，也就是 5 分钟、10 分钟要完成的事集中起来，放进一个小格子里完成，是不是又能节约出一两个小格子呢？

我常用的最后一个小方法，叫取舍。实在无法挪移时段的任务，你就必须做出选择，这个时候就要看孰轻孰重。

如果实在完不成任务，能拿出来的时间和达到目标所需的时间差距太大，就到了调整副业计划和目标要求的时刻。比如，你原准备一个月达成的目标，按目前的状况看得3个月才能完成。好，那就3个月，因为如果你给自己不可能实现的目标，即便做出了计划表，也没有实际的可操作性，这分明就是战略计划不落地嘛。

你心里已经开始犯嘀咕了吧，真难！做点事这么不容易！不用担心，我们强调的是优势变现。你最具优势的这件事，本来就花过精力、时间，再拿出来变现、做副业时，已经比一穷二白、一无所知地进入一个新领域省时省力了。你通过对自己专业、身份、经历、人脉、兴趣、评价的评估，已经找到了那件你最擅长的工作，它原来就是你生活的一部分，天生能和你生活里的其他工作兼容，实现时间折叠，你要做的只是精心设计，随机应变。对这一点，要有信心。

经历了前四步，也解决了这四步中困扰你的问题，现在计划表的初稿就算列完了，接下来，我们要走第五步了：打折。是的，打折。回头做个解释，为什么计划表从周计划开始列？因为月计划，就是四周的计划，更方便统计。一年52周，有效工作周其实只有40周，做40张周计划表，无形中你已经开始了精力管理和目标管理。

你会生病、休假；会累、想放松；会遇到别人不靠谱或你不靠谱，互相都有拖延症等情况，与其在发生时手忙脚乱，不断抱怨、无能为力，不如在做计划的时候，就预留出一定的时间，预计一年有 12 个非工作周，你只需要把握好这 40 个工作周就可以了，多出来的，是你赚的。所以，“打折”的意思就是，让你的计划表保持不变，只是把目标打个八折，降低一下你的自我期待。比如，你原准备今年挣 100 万元，打完折后，80 万元就是你的目标。

好了，合理的副业目标设定好了，是不是觉得心理压力立刻就没那么大了？那就带上轻松又富有激情的心，继续随我去进行第六步吧：拿出“第三张白纸”，把打完折的目标，按 40 周分成三个阶段，分别是测试阶段、试运营阶段和正式运营阶段。

第一个阶段，测试阶段，就是我花几周时间测试，看看计划做得合不合理，工作量要加还是要减？我能不能完成？是很难还是很简单，是否可以两倍速前进？测试阶段，我建议时限在四周左右，最好两周结束。

接下来，就是第二个阶段试运营，按测试阶段调整后的计划表执行，不断调整，直到修正成为让自己感到舒服、事情也有明显进展的可执行计划。

这两个阶段，都是为正式运营服务的，目标可以设置得低一些，比如，业绩目标是正式运营阶段业绩目标的80%、50%，甚至更低。不过你还有一个更重要的目标，这就是观察自己和副业进度，把这两个时期未完成的业绩加到正式运营阶段完成。

在正式运营阶段，就要严格按计划执行了。但是在正式运营期间，会有一个特殊阶段，就是当你遇到一个项目，时间很紧，工作量很大，你的主业都要为副业让步，这只是暂时的，不是长期的，不是一直如此，那么在这个特殊阶段，我们就要做另外一份计划表，比如增加一份旺季工作计划表，或是增加一份急活计划表。

讲到这里我们已经用去了三张白纸：在第一张白纸上，我们画了个简单的表格，类似上学时用的课程表，以周为单位，把时间轴拆分为上午、中午、下午和晚上，来统计我们一周能有多少时间可以拿来做副业。在第二张白纸上，我们来拆分副业目标，从终极目标倒推出年度目标、半年目标、三个月目标、一个月目标，最终落实到周目标，并把任务分为整块任务和零碎任务，分配到每周的日程表中。而第三张白纸上，只有测试阶段、试运营和正式运营三个阶段对应的周和目标。

这三张纸上，已经有我们清晰的副业任务拆解图，有分段目标，40 周计划，还有一张详细的本周工作表，它还能复制几份成为测评阶段的周计划表。那么“第四张白纸”要怎么用，要画什么，我们下一节再来揭晓。

1.2 你需要一份自我督促表

前面我们讨论了如何制订“能高效达成副业目标”的可行性计划,共用去三张白纸,做好了一份副业任务拆解图,一份测试阶段、试运营阶段和正式运营阶段的三阶段计划表,以及具体到每日工作安排的周计划表,那“第四张白纸”有什么用呢?

第四张白纸的作用,是督促你,要用持续发展的眼光看副业、看自己。怎么督促呢?是时候拿出第四张白纸了,列出你的年度目标、40 周目标和你的终极目标,看一看它们之间还有多大的距离。从人的角度说,是我作为一个新手和业内顶级高手的距离;从钱的角度说,是我挣 1 万元和挣 100 万元之间的距离;从知识储备、专业认证的角度说,是英语一级和英语八级的距离,这个距离要怎么缩短?

最直观的解决方案提供给你，那就是：找对标维度。对标维度分为两种，分别是对标人和对标条件。

如果你的对标维度是“人”，你则需要在这个维度上找到三个人。第一个人，是在副业所属行业中，比你早进入一两年的人，去想象“一两年后，我的副业能做成他那样就很不错了”。第二个人，是在该行业比你早进入5年、10年的人，还是一样的，想象5年后“我是他，简直太好了”。第三个人，是你最终想成为的人，是业内传奇，你可能没和他接触过，只是在电视上、书本上见过。没关系，偶像就是用来仰望的，理想就是用来实现的。

可话又说回来，你也不能光仰望，还得去研究他们。作为你的短期、中期、长期目标，他们都有哪些硬件和软件？把它们数字化地列出来。比如他们的从业时间，分别始于哪一年；在多少个细分方向有深入研究和成果；他们分别合作了多少大客户，在各平台的粉丝量是多少，年收入又是多少；等等。再还原一下，他们在你这个阶段是什么状况，做了哪些事让他升级到了下一个阶段，最终获得了今天能代表他成就的数字。其实，就是解构别人的路线图，然后照样复制。

如果你选择的对标维度是“条件”，比如“招聘条件”，那你永远要看比你目前职级高一级的招聘条件，比如你能应聘客服时，就去先看看客服主管的招聘条件，对比一下，你现在缺失哪部分，弥补它、实现它，很快你就能应聘那个更高职位了。

通过对标维度，我们能清晰地发现：在我要从事的副业中，3 年、5 年、一生，我要成为某某人或是达到某某条件，我还需要储备哪些能力，做哪些事，考取哪些资格证书。比如，我的对标人，比我多的是审美能力、财务能力和营销能力，我则需要通过日积月累的文化艺术熏陶、一年的财务培训和考证，以及三个月的营销实践来达成。

学习的过程，就是自我投资的过程。

学习途径，无非是向人学，向机构学，以及自学。向人学，就先学短期对标人，再学中期对标人，最后逐渐逼近终极偶像。在学习的过程中，成功所必需的各项硬件、软件条件，就逐渐丰富、建立起来了。向机构学呢，要选择适合自己的、优质的机构。而自学，在网络时代，变得越来越容易，听课、读书、实践，我建议你，先为你最迫切要解决的那几个问题建立一份有体系的阅读清单。

你可能要问了："我有主业，要做副业，现在还要学习、自我投资，那学习、自我投资的时间从哪里来呢？"

其实我们做计划的时候，已经将目标打了八折，一年只按40个工作周计算，那剩下的12周时间，你是不是可以用来自我投资呢？

除此之外，你也可以用“时间折叠法”，将一些正在做的事，赋予它学习、自我投资的意义。举个例子，你原本一年要参加30个饭局，以后你就只去对标要学习的人在场的饭局，这就是同时完成了两件事。

你还可以用“任务拆解法”，比如，如果一天需要背20个单词，是不是可以每当有5分钟的空闲时就去背一个单词呢？

总之，用于做副业的学习，我不建议你用特别大块的时间，除非你做的副业必须有一项经过认证才能使用的技能。副业最好的自我投资，是在实践中学习，遇到一个问题你就在集中注意力解决它的过程中汲取营养，这样吸收最快，这就是以赛代练。

好了，现在拿起第一张白纸，再清点一下，能不能在之前要完成的副业任务中，加上可学习的部分；其他时段加上可时间折叠、同时完成的部分。

前面我们讲了做计划的基本方法。现在，我们就用具体案例做一下场景还原，看看以下三个案例中的主人公，他们是如何做副业计划，完善副业计划，最后形成一份可执行性很强的副业计划的。

相信你还记得，业余剃猫毛的灰小白和陈晨，第一个场景还原案例，我们就说说他们两个人的副业计划制订过程。

第一步，他们俩要确定一周总共能拿出多少时间做副业。他们俩能做副业的时间，是每个工作日的 5 点以后到晚上 7 点， 以及每个周六、周日上午 9 点到晚上 9 点。特殊情况，也可以加班到晚上 11 点。按正常计算，一周共计 44 个小时能拿出来做副业。但是谁知道还会不会发生一些突发情况呢？因此，即便是 40 个工作周内，时间也不能满打满算，灰小白为 44 个小时又打了八折，也就是 35 个小时，相当于每周有两个晚上或一个周末是停工的，应付计划外的事。

第二步，去算算整块时间内可完成的任务量。通常剃一只猫的猫毛，加上路上的时间要 3 个小时，一周 35 个小时，工作量已经能算出来了，一周约能接 12 单，剃 12 只猫的毛。再安排一下零碎时间和任务。灰小白在微博上发展用户、和用户聊天就可以用零碎时间，这些时间和她的主业没有冲突，因此上班的时候就可以完成。她给自己规定的任务是，每天发展 10 个用户。在朋友圈发小视频，维护相关群的工作，她放在了去客户家来回的路上完成。

灰小白和陈晨无法在工作日接单去剃猫毛，但夏天是旺季，他们俩干脆请了年假，休年假的那个星期，马不停蹄，接单量是平时的3倍，但年假休完，工作日的工作时间的订单只能放弃。这就是当副业时间和现实起了冲突时，他们俩用了“协调”和“取舍”这两种方法。

就这样，灰小白和陈晨的副业计划表就呈现出来了：每周剃12只猫的猫毛，时间在工作日下午5点以后和周末。发展新用户，放在灰小白上班时间；维护群和朋友圈，用上班路上的零碎时间。

后来，当灰小白的微信加上第500个猫友时，她意识到，她可以做所有和猫、和宠物相关的副业，但是她要应对这么大的一个盘子，能力还不够。于是，她做了自我投资：首先是学习营销，她给自己开了一张营销类阅读书单，潜心研究私域流量变现；其次是学习开店，从微店的货品上架，到文案写作，到联系厂家，联系产品；最后，她还积极参加一切猫友聚会，社交投入对发展副业也是十分必要的。

灰小白和陈晨的副业计划制订过程，就跟你分享到这里。接下来，我们再看一个案例，案例的主人公叫王勇。

王勇的主业是医疗器械销售，副业是教人打棒球。王勇所在的公司，只要求业绩，不要求天天坐班，但每周一上午和每周四下午有固定会议，若出差或有外勤，可以请假。王勇曾是一名职业棒球运动员，退役后仍保持着每周去附近大学操场打一两次球的习惯，在那里他认识了很多粉丝、同好，这些人也成为他进入副业的途径。

通过一个球友的介绍，王勇在家周边的一所小学当客座教练已经有 2 年时间了，他教孩子打棒球，每周两节课。其中一些孩子的父母希望王勇给孩子当私教，每周加练一次，还有几个成人学生也跟着学。

王勇协调时间后，周计划表变成每周二、周五下午在小学教棒球大课。周六、周日，他原本就要在大学操场打球，现在把想进行私教训练的 4 个小朋友，分时段约在大学操场。成人学生有 3 个，由于他们工作很忙，无固定时间，只要周六、周日有空就会到该大学的操场上，他们知道一定能找到王勇。如果碰到有小学生学习，他们就自己练；如果没有小学生学习，就随时可以找王勇练。

王勇私教课是一小时 400 元，在小学教大课，一节课是 500 元。副业收入非常稳定，一个月能维持在 15000 元左右。王勇和成人学生及小朋友的家长关系不错，当被问及他的主业是做什么的时候，他还会发自己的名片和公司介绍、产品介绍给对方，这些人还被王勇发展成客户，带来了主业收入。

你看，出于爱好的练球和教学，王勇都放在同一个时段、同一个地点——周末、大学操场，这就是时间折叠。发展副业，同时还推销了主业，也是时间折叠。每当赛季，不管是民间团队的棒球赛还是小学生之间的联赛，王勇会调整他的主业计划。如果开会和训练、比赛时间冲突，他会以副业为主，但前提是把主业工作任务完成。当赛季过去，他正常回公司开会。

由于王勇的副业没有耽误主业，业绩比普通员工还更好些，公司从来没有为难过他，甚至公司组织团建时，王勇还义务教同事们打棒球，一些同事及领导的孩子都成了王勇的学生。

经常有学生、学生家长来请教王勇运动学、营养学方面的知识，有的王勇知道，有的不知道，这就需要王勇看很多书、很多教学视频，然后再输出，这些成为他无意中的自我投资，而出于兴趣以及维护关系，在公司内部开展的义务教学也是他的投入。棒球本就是他的优势，即使不变现，他也会做这些，所以他看起来忙，但毫不费劲。

下面分享最后一个有关副业计划的案例，这个案例的主人公，就是我自己。

在长达七八年以写作为副业的时段中，我一直是每天下班后写 1000 字，风吹雨打也从不改变。哪怕出差，我都会在列车上完成每天1000字的写作任务。但是2013年以后，我生完孩子，遇到一个问题，下班后回到家，无法进入写作状态，因为还要带孩子。等到孩子睡着了，起码晚上9点了，那一刻身心俱疲，根本无法完成1000字的写作任务，而且不断催促孩子睡觉，亲子时光也并不愉快。

这时我重新看了我的周日程表，我当时在一家需要坐班的出版社工作，中午午休时间很长，从11点半到下午2点，于是我调整了一下，把副业也当作工作，工作上的事就在工作时间完成。

每天中午11点半，我从出版社食堂离开，就去单位附近的快捷酒店，开两个小时的钟点房，在那里完成每天1000字的写作任务。这样做的结果是，副业任务完成了，有时还能午休，睡上10分钟。晚上回到家，毫无负担，和孩子玩得也很开心，孩子睡着了，我还能读会儿书，有输入。这就是任务替换，把用来午休的大块时间换成做副业。

当然有付出，最直接的是要把稿费的一部分变成房钱，但是这一部分投入也是自我投资，我赎回了时间，赎回了精力，赎回了亲子时光，赎回了继续输入的可能。

在我全职写作后，又遇到了要调整计划的情况。从前我上班的时候，一天写1000字，全职写作，感觉只写

1000 字就对不起全职这件事。那究竟写多少字合适呢？做计划一定要根据自己的承受能力。不知道自己的承受能力，就要研究、训练自己的肌肉记忆。

我研究了自己四周，有时一天写 3000 字，有时一天写 8000 字，有时情绪很高涨，有时强撑着写完，第二天还是要推翻。所以，我就记录，看每天写到哪里状态是最好的，状态包括我的和稿子的。最后我发现，每天写到 2200～2300 字时，人和稿子都舒服，不需要看字数统计。好，那就全部倒推，重新制订计划，一年按 40 个工作周，一周按 5 天，每天按 2200 字计算，全年工作量 44 万字。为了保险起见，再把零头抹掉。于是，所有计划都按能承受的工作量重新安排，40 万字是工作量总额，一本书是 10 万字左右，同时我还在做知识付费，一门课程的字数在 8 万字左右，因此，一年我只能做到开一门新课、写三本书。

剩下的时间做什么呢？我研究了我喜欢的几位作家，算了算他们的写作、学习、社交、社会活动、家庭生活、旅游等各占的时间比例，最后我决定，除了写作，每半个月我要出门一次，去异地做讲座，这个讲座也是我的私人旅游时间。

一年我出差 20 次，一来一回在路上都各能读完一本书，这是 40 本书阅读量的预算。此外，做课程、写作，每解决一个小问题，都要读很多书，我的课程、写作方向是固定的，读书的方向也随之固定。因此，我做了一个一年100本书的书单，肯定能完成。这也是我的投资。

可见，想做好副业，首先要从时间管理着手，将精力管理、目标管理、自我投资折叠解决，做出一份能高效达成目标的副业计划。

2. 做副业不可缺少的表达能力

如果你的副业计划已经出炉或是即将出炉，我想你已经开始着急行动了。不过别急，在行动之前咱们还有一项特别的练习要做，练好了相当划算，这项练习就是“表达”。不难理解，有句话说“一开口，你就输了”，其实，它说的就是表达方法、表达技巧不同会给同一件事情带来截然不同的结果。

从事副业时，关于表达我们要懂两点：表达自己和表达产品。表达自己，是为了让别人认识你，信任你；表达产品，是为了让对方尽快做决定，尽快买单。

我们先来看看第一点，如何表达自己。

表达自己，你得抓住三个关键问题：我是谁？为什么由我来做这件事？我做的事和你有哪些关系？

这三个问题非常重要，我建议你将答案分别列好，写在手机备忘录里，形成一份固定的文档，当有人和你沟通，尤其在线上沟通时，随时调取。接着是更高级的：试着将它们连起来，变成一个故事，运用故事思维来表达自己，这能让你在对方脑海中变得更有画面感，更易打动人。

如果你需要和对方面对面、一对一沟通，还可以根据当时的具体场景、对象身份的不同，把故事做些微调。比如，想象一下你经常会在什么情况下介绍自己？是对客户自我介绍呢，还是对副业小伙伴自我介绍，或是去应聘一份副业工作？在不同场景和听众面前，你的说辞和讲故事方式，肯定是不同的，因为能打动他们的点有区别。然后分场景练习，简单地说，就是对着镜子想着场景和场景中的他们，分别讲能打动他们的个人故事。

练好了，你还得把“自我介绍”拿出来，不断地进行实景测试。好的脱口秀演员，在正式上台前，一个段子通常会说十几遍，测试观众的反应，反应好的话再在台上说。你也可以这样，在现实生活中做介绍时多看看对方的反应。通常人们眼前一亮的点是一致的，你每次提到自己的哪一点，对方最有兴趣，最想和你合作，会马上下单，那一点就可以保留、放大。

在副业类的自我介绍中，上乘的自我介绍应该是，能让对方感到“他被你关注了”，你眼里、心里有他，说得更具体点就是：你的自我介绍里要说清你做的副业和对方有什么直接关系，你能针对性地为他处理什么问题，如果能再加上你对他一些状态的了解，那就更好了。

所以说，自我介绍是不断变形的。你需要把最基本的、说明文式的自我介绍，存在备忘录里。做简单而浅显的沟通时，可以直接发给对方，目的是让人家对你的基本情况大概有了解；如果是非常重要的合作与沟通，如应聘、宣传、谈大客户时，你就需要准备故事型的介绍，这时的介绍要带上些情感色彩，比如融入你独特的个人经历，以此来增添说服力，又因为故事中早已加入了你的个人标签，所以当你需要写宣传文案时，在故事的衬托下，你的个人标签会变得格外耀眼，成为最大的亮点。

讲了这么多技巧性的内容，接下来我们看两个案例，让我们在现实案例中感知、训练自己的副业表达能力。

第一个案例：孙冬的故事。

主人公叫孙冬，男，主业是会计，副业身份是二手书网店的老板。孙冬最常做自我介绍的场景，就是向买家和潜在买家推销书籍时。

孙冬常常这么说："你好，我是孙冬，从我爷爷起，我家就经营旧书店，从前爷爷在北京的东四旧书市场摆摊，到我爸爸那代，书摊收了。但我爸爱读书，我小的时候，每个周末他都带我去潘家园淘旧书；这个习惯一直保持到我成年，到我这代，我又把旧书店开起来了，不过是在网上开的。可以说，我是互联网上第一批开旧书店的人。现在我爷爷、我爸爸都给我打工，开个玩笑，他们是给我掌眼……我精通各种旧书的版本，尤其是民国时期和戏剧方面的，我攒了很多名家签名本，如果你家有旧书想卖，或想找什么资料，想买什么旧书，都可以和我联系。"

你觉得这段自我介绍怎么样？是不是还挺吸引人，值得信赖的？这正是因为，孙冬把"表达自己"的三个关键问题全说明白了。他是谁，是二手书书店老板；为什么由他来做这件事，是家传、从小养成的习惯；他做的事和客户之间的联系，是你想买卖旧书、查资料都可以找他。这段介绍也被孙冬长期挂在他的网店首页上，成为宣传文案。

第二个案例：波波的故事。

主人公叫波波，女孩，在航空公司工作，副业是做配音，并培训网络主播。

波波是我的朋友，初次见面时，别的人我都记不住了，能记住的就是她的自我介绍，我记得她当时是这么说的：“你好，我是波波，我是一名声音工作者。大学时，我就是校广播电台的台长，多次获得省市级校园主持人奖项，大学毕业后，我先后在市电台 XX 节目任嘉宾主持人，曾为 XX 动画片分角色配音。我的网络电台在喜马拉雅上创过单期节目 XX 收听率的纪录，你可能还在某某平台听过我的声音。如果你想用声音变现，如果你的项目需要好听的声音来装点、变现，都可以来找我。”

你看，波波的自我介绍和上面提到的孙冬一样，已经把她的背景资历，能为我做什么，我遇到什么问题可以去找她，全表达清楚了。波波还找设计师为她做了一张海报，海报上的核心宣传文案都出自这段介绍。

两个“表达自己”的案例全部展示完了，相信你已经跃跃欲试，想要重新设计自己的“自我介绍”了，就像孙冬、波波那样，要让介绍清楚表达三个关键问题：我是谁？为什么由我来做这件事？我做的事和你有什么关系？即使再简短的自我介绍，也能打动人心，令人印象深刻。

接下来还要再讲讲“如何表达产品”，学完了表达产品，你再一并设计。

如何表达产品呢？

产品的表达也有三个要点：第一，要有产品的基本情况；第二，要说清为什么由我来介绍这个产品；第三，该产品能帮你解决什么问题。

“产品的基本情况”，这要看你对产品的了解程度有多少，了解得越清楚你就介绍得越完备；“为什么由我来介绍这个产品，这个产品能帮你解决什么问题”，其实就是把你的专业度、专业资质、资历和产品挂钩。比如，“我是一个营养师，这款五谷粉含有什么营养，喝了后你会得到什么样的改善”，“我是皮肤科医生，根据我多年的从业经验，这款面膜具备什么特征，能缓解你的什么面部问题”，等等。

想要把优势变现，你的专业、身份、经历、兴趣，包括我们提炼出的拳头礼物作为产品的思路，都是为你做产品介绍以及为什么由你介绍来找合适的理由。

但是，假如你没有特别强有力的专业认可度呢？没关系，如果你对某样产品有好的用户体验，这些体验也能成为打动人的地方。副业做代购的苏梅在直播逛街时，就常用“手感极好”“很经典耐看”“百搭”这样的字眼介绍产品，这些字眼就是她的体验。

再来讲两个用亲身体验增加自己所售产品可信度的案例。

我曾参加过一个“躺瘦营”，顾名思义，就是躺着都能瘦的训练营，其实就是推广一种饮食方式，三餐都按着这种方式吃饭，连续吃 21 天，群里的人互相监督，还有专门负责提醒打卡、审核上传的三餐照片是否合乎标准的营长、副营长。这个躺瘦营，是我一个编辑朋友小张推荐给我的，躺瘦营收费 799 元，21 天，每推荐一个人，小张就能拿到一部分佣金，因此“躺瘦营”就是一个产品，是小张做的副业。

你也来猜一猜，在“为什么由我来介绍这个产品”这个问题上，小张的优势是什么？

对，就是她自身的身材变化。我亲眼看着她在 21 天内瘦了 6 斤，她的腰围减少了 3 厘米，整个人小了一号；而她在 21 天内，每天吃饭在营里打卡，每餐的照片也晒在朋友圈中，除了我之外，小张身边好几个小伙伴都主动询问小张参加的是什么营？收费多少？有效果吗？

同样的道理，在微信时代，如果你想卖一口锅，你可不能光介绍这口锅的性能、产地，而是要晒出你用这口锅做过什么菜，图片、视频、实质性的体验全部加上，才够有说服力。事实上，你能解决什么问题，就等于能帮客户解决什么问题。所以，要善于把体验晒出来，这种“表达产品”的方式很有效。

另外，想要提高成交率，你也得在“产品能帮客户解决什么问题”这个关键点上多花点心思。仔细研究产品适合的用户群，琢磨对方的核心诉求，只要直击需求要害，击中人心，成交就不是问题。

最后，我们以波波的主播训练营产品介绍为例，来看看一个比较好的“产品表达”是如何将三要点融合在一起的。

“第六期训练营快要开营了，这个假期比我们预想中的长，一起做点也许会影响你一生的事吧，通过这次学习，也许能让你对自己的声音更自信，也懂得使用声音的方法，发语音信息、开电话会议都不怯场，不会说一会儿话就觉得嗓子累了；也许能让你多一个赚钱的渠道，经过前 4 期的培训，已经有好多学员得到了声音变现的机会，开启了新的副业；也许还能让你的宝宝更喜欢听你讲故事了，你也多了个甜蜜的烦恼，就是可能要一直给他讲。还有什么疑问，可以看如下常见问题答疑，期待和你一起度过充满‘声’机的 21 天！”

接着是波波的课程大纲，再接着是几个常见问题的解答。比如，我每天都要上班或是上学，没有时间学怎么办？ 波波只讲课吗？在群里吗？我能加你为好友吗？我普通话特别不标准/我声音不好听，学了能有改善吗？价格还有优惠余地吗？ 还有，比如我已经多少岁了，我才多少岁，我没有专业设备，我并不是想赚钱，就是想读点东西，等等。

以最后一个问题为例，波波是这么解答的：“不管你是什么样的基础，不论你做的是哪一行，哪怕你只是一个想给自己的宝宝讲故事的妈妈，我都欢迎你，不要害怕跟人说起自己心底里的小小梦想，更不要怀疑它们凝聚在一起的力量，给我个机会，我想试试做一颗火石，点亮你疲惫生活中的主播梦。第五期了，不要再错过了，我等你呢……”

纵观波波的产品介绍，你会发现，“懂得用声音、多个赚钱渠道、让宝宝喜欢听你讲故事”，这些就是有针对性地解决问题。在波波的案例中有一点值得注意，那就是，如果你的产品和你个人是绑定的，你就是你的产品，你需要经营个人IP，那么表达自己和表达产品要结合在一起，在强调专业度、用户体验时，要用上别人对你的评价，评价包括你能教会他什么，为他带来什么。

总结一下，关于产品的介绍，除了三个基本要素，如果想升级到更吸引人的产品介绍，就得做到：找到自己介绍产品更为人信任的优势所在或者切身体验，能针对性解决问题。如果你就是你的产品，那你就把产品介绍、自我介绍相结合，用你的专业、身份、经历、评价等优势，强化你的产品标签。

做副业总免不了和人打交道，最常见的是要介绍自己、介绍产品、介绍我和产品之间的关系、我的产品和你有什么关系，当你掌握、运用好了自我介绍三要素、产品介绍三要素，它能让你的副业从“发声”的那一刻起，就比其他竞争者更吸睛，更易打动人，这是相当划算的事。

3. 做副业还需要营销能力

做副业还需要具备一定的营销能力，才能让更多的陌生人知道你，知道你在做的事业，知道你的副业产品。其中，“更多的陌生人”是最难的点，因此我们就重点谈谈如何发展“让更多的陌生人知道你、关注你”的这项能力。

首先，一定得让人容易找到你。

为了达到这种效果，你需要在公之于众的一切平台，如微博、名片上有你的联系方式，现在最直接、便利的联系方式当然是微信号，我建议你把认识的人都加个微信，方便之后的营销。在你的目标客户可能停留的各大网站发信息、发布话题，留下微信号。如果你有产品、宣传单，要在产品、宣传单上印上你的微信号。除了这种自然流量的关注，你还可以主动求关注，具体怎么做呢？这里有四个方法。

第一个方法，是通过社交平台加人。比如，利用微信、QQ 自带的一些功能，如摇一摇、漂流瓶等，QQ 也推出了推荐提醒功能，这些都是大规模添加陌生人的好方式；除了微信和 QQ 两大阵地，你还可以利用一些 App，像一些游戏软件，或是一些社交软件，如豆瓣、知乎、微博等，你也可以结识大量的陌生人，并可以查找附近的玩家或有相同爱好的好友，丢纸条给对方，添加为好友。但这里需要提醒你一点，这种来源的好友要慎重，注意安全。

第二个方法，是通过场景加人。如果你做副业的用户画像很清晰，就可以根据画像倒推场景，找到场景加人，也就是想一想他们可能出现在哪里，你就去哪里。

举个例子，我曾在北京鼓楼的一家剧场看话剧。中场休息时，剧团的营销人员走上舞台，拿着手机，对着麦克风告诉台下的观众："现在，我报几个数字，大家一起面对面加入我们的剧团群，稍后今晚演出的导演、主演会出现在我们的群里，和大家一起聊一聊舞台背后的故事。"我第一时间加入了这个群。

我注意到几个细节，某某剧团群的群名标着数字，这已经是该剧团的第 90 个群；由于导演、主演会出现，对观众来说极具诱惑力，这个群很快加满了 500 人。当晚在群里的"创作谈"之后，那位营销人员向我发送了验证消息，我相信他也向群中其他人发送了。也就是说，他把群中所有人加成了他个人的微信好友。加他前，我浏览了一下他的朋友圈，基本上都是这个剧团新剧目的预告，以及票务信息。对我这样的话剧爱好者来说，加他能得知该行业、该剧团的最新消息，是互惠互利的，于是我迅速通过验证。

想象一下，如果这位营销人员在大街上，或是任何一个和话剧无关的场景中添加陌生人，被拒绝的概率都会很大。即便加上了，对方对话剧毫无兴趣，添加好友本身也是无效的行为。

事实证明，这位营销人员加了这么多微信好友，除了为主业、剧团的工作，也捎带手做了副业。理由很简单，我能看这个剧团的演出，也会看那个剧团的演出，当该营销人员在朋友圈推广其他剧团的演出票时，碰到心仪的我就会及时下单。

还记得之前提到的剃猫毛的灰小白吗？她在微博平台搜索"猫""猫毛"等关键词，先关注目标客户，再通过互动增强黏性，取得对方的关注，加上了精准用户；开二手书店的孙冬，则利用知乎平台进行问答，他专门解答和图书相关的问题，还给有类似问题的人发私信来发展用户。他们都是用了这种"场景倒推"的办法。因此，如果你有精准的用户画像，你很清楚谁会为你买单，那你就直接进入用户常出现的那个场景加人。

如果你的副业目标用户还没有那么精准，画像也没有那么清晰，你该怎么办呢？先进入大量陌生人会出现的场景，然后找到自己的粉丝池，让别人主动加你。

网上有很多论坛，也有各种群，线下有各种沙龙和活动，如果没有，就自己主动组织一些群、活动，让陌生人参加，你也加入。如果你是个小学生的家长，学校组织的家长课堂上会有大量陌生的家长出现；如果你的附近有义工组织，你在做善事的同时，其他义工完全可能成为你新的微信好友，这些都是大量陌生人出现的场景。

当你不断参加有大量陌生人出现的活动，你就会总结出，在哪类活动中你如鱼得水，总有黄金话题方向，别人会主动被你吸引，继而主动加你，这种活动就是你的粉丝池。

说明白点，一个人打游戏能打到参加竞技的水平，只要他上线，就有人找他聊天，向他学习，那么游戏圈就是他的粉丝池；一个作家，在签售时、在讲座中总是会遇到大量陌生的读者，读者会主动添加他，那么读者群就是他的粉丝池；一个对穿搭颇有研究的小姐姐，在大街上站着就经常有人会问她，可以街拍一下吗？那么，爱美的人群就是她的粉丝池。

因此，在游戏论坛发言，和人谈论游戏，进入多个游戏群，主动组织战队，是擅长玩游戏的人在经营粉丝池；不断参加文化活动，经常和读者互动，在公开场合如活动现场、微博、图书上留下自己的微信号，是作家在经营粉丝池；在时尚论坛晒自己的穿搭照片，在贴吧分享穿搭心得，加入各种时尚群，和身边的人交换时尚单品的链接，是爱美小姐姐在经营粉丝池。一项爱好，一种兴趣，一类你总有话说、总有人听你说的事，就是你靠个人魅力、能力源源不断地和人交朋友的方式。这也是我们在“六维优势画像法”中一再强调的，你了解自己吗？你的人脉、你的兴趣、你的最高评价发生在哪里，哪里就是你的粉丝池。

总结一下，有清晰的用户画像时，你要找到精准场景添加；没有清晰的用户画像时，就直接进入有大量陌生人出现的场景，然后慢慢形成自己的粉丝池，让别人主动加你。接下来再说说我“主动求关注”时会用的第三个方法——通过人加人。

怎么做呢？一方面，你可以找到和你有同样加人诉求的人，其中有一些特定的职业会有这样的诉求，比如房地产中介、保险经纪人，他们每一天都希望能添加大量陌生人。他们的信息都是公开的，在各个网站、论坛，甚至你在街上都会被他们拦下。稍微做点努力，在网上搜索关键词，一天起码能加100人。

除此之外，你的同行也和你有同样诉求，你们可以进行互推、换群。比如，如果你要推销一款玫瑰花茶，你的一个朋友一直经销燕窝，而且已经积攒了一些用户，养生、爱美、重视健康，你们的用户画像基本一致；通过互推，你们在彼此的朋友圈中贴出对方的产品、微信二维码，你进入他所在的群，他进入你所在的群，就能实现双赢。

另一方面，你也可以靠人推荐。一种推荐靠口碑，需要你做事靠谱，并经常提醒你的微信好友们，你坚持在做一件事。有一种说法，手艺人是饿不死的。因为手艺人有核心价值，就是他的手艺。还有呢？一个手艺人，他身边的人都知道怎么帮到他，也就是说给他介绍活儿。所以你是否准确传递了这种信息：你在做什么，如果想帮你就给你介绍什么样的人。

我有一位做代购的朋友苏梅，我经常从她那里买东西，遇到有人问我从哪里买的，我就会把苏梅的微信推给他。前提是我买的那些东西我很满意。苏梅每天在朋友圈更新她又去哪了，又货比三家发现性价比最高的什么东西，这让我知道她还在做代购，不会让我造成无效推荐。

另一种推荐靠名人。名人有影响力，如果能得到名人的推荐，会有意想不到的效果。可能的话，你可以花点广告费，或者你本来就有人脉优势，和名人是好友，再把他们变成你的客户，通过口碑，让他们主动帮你推荐。

最后是第四个方法，自然裂变。像一些价格优惠策略，或赠送一些额外的礼品或福利，都会产生一些裂变效果。比如，我每推荐一个新的微信好友给做代购的苏梅，苏梅就有精美的小礼品送给推荐人——我，还有新加的微信好友，这种小礼品本身就是机会。同样，在话剧舞台上那位营销人员向台下的观众承诺，导演、主演会出现在群里，这也是不得不加的额外福利。

好了，我们已经花了很多篇幅来谈“如何发展让更多陌生人关注你的能力”。现在，我们该来谈谈，关注后你要怎么做。

营销、营销，所谓营销，就是要经营，要销售。营销方面，你一定得做好下面这件事，那就是，在用户可见范围内强化你的个人标签，你要清楚地表明你是做什么的。

先从名字开始强化。开二手书网店的孙冬，用于副业的微信名、微博名、论坛名都叫“孙冬·二手书店”；我那个副业做代购的朋友苏梅，她的网名就叫“代购苏梅”；

做声音工作、开主播训练营的波波，在所有她出现的地方都叫“主播波波”。

再从“自我介绍”上强化。我们上节课提到的“自我介绍”，现在能派上用场了，在你开的网店首页，在你的微博置顶处，你朋友圈的背景图，都可以让它们以合适的、醒目的方式出现。

最后，是从“信息更新”上强化，也就是及时更新你的工作状态，尤其是里程碑式的业绩要重点露出，比如“一小时卖了一万件！”“训练营一天之内招满！”等等。如果你的个人 IP 也是产品的一部分，你个人与之相关的重大突破也要拿出来晒一晒，比如“被某某平台评为销售明星”“点击率破某某平台的纪录”，这些都是营销、吸引用户注意力很好的方式。

4. 做副业离不开社交力

4.1 如何挣陌生人的钱

很多人都不擅于和陌生人打交道，但是想把副业做好，就需要经常和刚认识的陌生人打交道，以及和陌生人熟络之后继续打交道，激发他们的购买力。

与陌生人怎么打交道？

从副业的角度出发，陌生人分为两种：一种是重点社交目标，给我们工作机会，是我们直接、间接的客户；另一种是泛泛的陌生人，因为所做的副业属性，我们也许要接触大量陌生人，在他们中有可能发展出重点社交目标、共同做副业的小伙伴、口碑的传播者等，也有可能与他们只是一面之缘，擦肩而过。在这里，我们只讨论重点社交目标如何破冰，如何更高效，如何树立专业形象。

我们先来看如何破冰。

与重点社交目标打交道，要分三步走：做调查、找交集、进行筛查。

调查什么？

调查这个陌生人的背景，如年龄、学历、籍贯、从业经历等，弄清楚你们今天要谈的事，和见面目的相关的种种。

怎么调查？

利用中间人。通过你和陌生人之间的中间人了解对方的信息，除了背景资料，还可以深化、细化，如对方的禁忌，哪些话题是不能谈的。

利用搜索。你可以通过你们相识的平台搜索。

如果你们在某个网络平台相识，像微博或论坛，就在这个平台上搜索，查看对方留下的各种痕迹。你可以通过搜索引擎，比如百度一下对方的名字、网名、单位名 + 名字、学校名 + 名字等。在如今这个信息时代，想知道一个人干了什么、有过什么成绩、打过什么官司、和谁有过纠纷，只要细心搜索，搜索的路径对了，基本上都会有收获。

如果你已经添加了对方的微信，还可以看看对方的朋友圈，有一个大概的了解。一个人喜欢晒什么，晒的频率多高，流露出的情绪是怎样的；他经常给谁点赞，谁经常给他点赞，点赞的人中有没有你已经认识的……这些都是有效信息。

做完信息搜集工作，你还要汇总、分析，有时在调查时你就完成了对重点社交目标的筛查，比如百度对方的名字，发现他已经进入征信黑名单，那还有继续谈的必要吗？

如果对方通过了你第一遍的筛查，你仍打算继续交谈，就要想想我们今天的目的是办一件具体的事，还是只是取得联系认识一下？

在调查中，你已经大概知道对方和你的交集。寒暄从交集开始。

交集可以是籍贯，像老乡、校友、我去过你的老家，都可以谈。交集也可以是场景，比如，如果你们正在参加一个沙龙，沙龙本身就是你们的交集，共同认识的朋友也是你们的交集，你对他朋友圈最感兴趣的点，恰好你也有话说，这些都是你们的交集。

除了找交集的寒暄，你可以准备几个固定话题。任何时候只要你愿意都不会冷场的话题，这是你的黄金谈话方向，也是你最容易和人找到交集的地方。除了天气、交通、城市这些大众话题，你还可以谈热点新闻，谈星座，谈你最容易和别人引起共鸣的一项兴趣。

你的固定话题要针对面前陌生人的不同年龄、性别、社会身份而调整。你要判断，对面的他／她所处的人生阶段、社会阶层，此刻最容易遇到的问题、想和人分享的事。这在你过往的经验中会找到答案，即和老年人谈什么，和中年人、年轻人分别谈什么，他们中的什么人最热情，谁最愿意和你继续聊天。

比如，你和40岁有孩子的女人第一次见面，可想而知，她在家庭、事业间平衡这方面很辛苦，那你们就谈这种辛苦；你和40岁没孩子的女人第一次见面，她的业余时间应该是充裕的，可能在旅游或其他方面有爱好，你们就谈这些爱好；你和40岁的男人可以谈职场，但不要和他谈婚姻，除非你有其他目的。

你的固定话题中还要包括几个段子。尤其在你遇到一群陌生人、一个应酬式的场所中，你准备几个固定的段子，你讲得熟练，无伤大雅，大家都会哈哈一笑，这有助于你赢得人们的好感。谁会讨厌一个幽默风趣让人开心的人呢？

对于重点社交目标，你还需要进行筛查。

你可以通过微表情筛查。一些关于微表情的基本常识，你要知道——比如不敢盯着你眼睛说话的人，一定有些不可告人、起码不可以告诉你的事；比如抖腿、抱肩、敷衍地笑，都说明眼前这个人对你有警惕，对你们谈的事不够投入。

你可以通过一个已知答案的问题筛选。提问不一定为了得到答案，只是为了看对方的反应。

一些问题在资料搜查中，你已经有了基本了解，问问题，对答案，只是看对方是否诚实。

你还可以通过社交标签筛选。什么是社交标签？就是我们心里的符号系统，即一个人出现在我面前，我通过本能，加上别人的介绍，综合起来形成自己过滤筛选的方式，从而判断这个人是否值得交往、值得合作。

副业做医生经纪人的寇寇就表示，第一次见面的人，在她面前展现的动作幅度如果太大，她会觉得对方不靠谱，熟起来很快，之后翻脸一定也很快。

副业做策划的任然对我说，他特别重视跟别人第一次握手，他对不够用力的人有一种浅浅的戒心，“尤其是来谈合作的人，他如果只拿指尖轻轻碰我的手，没有很用力地握我的手，我的第一反应是，其实他并不太想和我合作”。

副业做设计的雷霆有个心得，一旦有人介绍设计的活儿给他，他就要和审核设计稿的人聊聊，如果他发现对方什么都不懂，还老想出主意，这一单就不做了。因为“外行领导内行”一定做不成，这就是雷霆的社交标签。

而做代购的苏梅有个心得，一个人老问价，不打算下单，他可能永远都不会下单，只是在浪费时间。苏梅倒不至于把这样的人全部拉黑，但起码不会一而再、再而三提供在线解答的服务。

为什么要找社交标签？因为你的时间和精力以及机会都是成本。

怎样找社交标签？尊重直觉。叔本华曾说过，相信你的本能，你的本能会比你的理智更理智。另外，尊重你过往的一些经验。

过去你曾遇到过什么样的人给你带来什么不愉快的记忆，这些人的共同点就是你的社交标签。

一个小心机，如果你想给初次见面的陌生人留下好印象，研究一下他的社交标签是什么，研究一下什么样的言行举止、行事做派才更容易赢得他的好感。设计师雷霆向我介绍他的经验，他在和客户见面前，会先研究下合作的项目类型，如果是游戏类的，他就会打扮得时尚些、前卫些；如果是偏传统文化型的设计，他就会穿上对襟唐装、老北京片儿鞋——保持和产品一致的着装风格。

如何使社交更高效?

首先，尽快进入主题。对于和重点社交目标的交谈，谈之前就要有个起码的谈话大纲，在必要的寒暄后，先谈最重要的事。举个例子，在不失礼的情况下，如果价钱是你最关心的，那就先问价；如果工作量是你最关心的，就先问工作量。

其次，你来控制时间。你要让对方知道，你能给他多长时间。一个人云里雾里和你开场白花了15分钟，你直接告诉他，你半个小时后还有什么事，这样对方就很清楚，你们的对话只有半个小时，半小时之内必须解决问题。

再次，找到最高效沟通的方式。能线上解决的，不要线下解决；能打电话解决的，就不要留言再留言。

最后，要识别何时停止和转移话题。一个人对你的话题没有兴趣，你再多谈，都是浪费时间。除了我们刚才说的那些微表情，还有很多指标说明对方对你谈的事不感兴趣——他频繁看表，打断你的话；他对你的疑问没有及时反应；他开始玩手机……这时就是你停止和转移话题的时候。

如何在陌生人面前树立专业形象？

通过形象本身。线上沟通时你的头像，视频连线及线下沟通时你的着装，都要符合你的副业身份。

通过有效信息的提炼和发布。有效信息包括：你个人与副业有关的信息、平台信息和行业信息。你从事副业的工作状态，你具有里程碑意义的重大业绩数据、截图，你和副业有关的过往，比如做过什么产品要及时在朋友圈更新。让陌生人加你微信时，统览一遍你的网络资料包，即微信的签名、头像、朋友圈，就大概对你有个了解。

而核心信息，你最好能形成系统的说明，变成资料包、PDF 文件，遇到重点社交目标时能及时发送。如果你做副业，加入了某个团队，你及时发布所属团队的信息，等于用专业的团队为你增加底气。没有个人、团队信息时，了解行业信息，有选择地发布并表达观点，也能说明你的专业性。

通过专业认证。也就是你取得过哪些资格证书，获得过哪些资质证明，有什么样的奖项，等等。

通过服务。一些好的职场习惯，无论在主业还是在副业，都一样通行。比如速度代表诚意，当对方说收到请回复时，你一定要回复。

除此之外，正面沟通时尽快提供你的价值，你能解决什么问题，了解对方的要求，明确你们的合作方式。

对不同的人能快速拿出个性化服务方案。再强调一遍，为什么我们总是说要拿出优势来变现？因为如果我们刚进入一个领域，业务不熟悉，很难满足不同人的要求，只有做最熟练、最擅长、最具优势的事，我们的见识、经验、特长才能派上用场，才能及时反应。

4.2 如何挣熟人的钱

做副业时除了和陌生人打交道，更要和熟人打交道。很多人跟陌生人能放得开，跟熟人反而不知道怎么开口，容易陷入以下两种社交困境：

1. 我不好意思让熟人知道我在做副业，可是放着熟人不用，我又不甘心，没有熟人的支持我也打不开局面。

2. 我每天向熟人推销我的产品，希望他们给我介绍工作的机会，可是我发现他们中的许多人因此把我屏蔽了。

面对以上两种社交困境，要解决三个问题：

1. 要让熟人知道你在做什么。

2. 要让熟人知道有什么需求可以去找你。

3. 对于你主动去找的熟人，要做哪些准备。

解决两种困境、三个问题，这里有四个办法：首先，树立专业形象；其次，从大面积发布开始；再次，提炼社交货币；最后，体察需求，针对性解决。

先说专业形象。

前面我们提到了在陌生人面前怎么树立专业形象，这里再复习一遍，因为这些在熟人面前一样有效。第一，通过形象本身。第二，通过有效信息的提炼和发布，有效信息包括你个人与副业有关的信息、平台信息和行业信息。第三，通过专业认证。第四，通过服务。

除此之外，副业方向越和你的身份、专业、经历、特长、爱好、人脉紧密联系的，就越容易在熟人间开展，因为你做这行不突兀，你天然取得了信任，他们天然觉得你是专业的。

如果你从事的副业没有六维优势，你有个人体验也可以，因为还是那句话，你代表了一类人，你的需求也是你那一类人，尤其熟人的需求。

什么叫“从大面积发布开始”呢？

人们对主动来推销的人总是会本能地抗拒，一开始做副业，我建议你先别急着一一发私信，而只是把你的各种信息贴出来让人自取。让熟人意识到，哦，你在做什么，有什么事能去找你。

在大面积发布之后，你可以在副业中提炼你的社交货币，先用社交货币和熟人进行社交。

社交货币有助于让人放下戒心，社交货币也等同于宣布你在做什么，社交货币还是试用品。

关于社交货币，我们来看两个例子。

医学博士李娜，业余时间照相机不离手，她的摄影技术不错，只要她在，身边人都是她的模特，没有人时，她就大量地拍风景。照片就是她的社交货币，拍照就是她的社交方式。

就算不给钱，李娜都愿意拍，看过她作品的人也愿意再找她拍。

但想约李娜的时间，认真拍一套照片，就需要付钱了，摄影就是李娜的副业。

呆呆，是一名电力工程师，画画是她的特长，她在酒店吃早餐，都会拿火腿片、鸡蛋作画，摆成卡通人脸的形状。

画就是呆呆的社交货币，很多熟人被呆呆画过，和人初次见面呆呆也会画一幅画送给对方，以拉近距离。

呆呆在一个知名论坛上晒她画的各种画，成为该论坛的网红。在该论坛，呆呆画新闻，画听过的课，画每天经历的事，连她的工作——工程师的日常，她都用画表现。

这个论坛就是呆呆的粉丝池，这个论坛举办各种活动时，都会邀请呆呆，其中包括一档电视节目。呆呆再把这些信息、把陌生人及平台对她的认可在熟人间发布，令熟人对她刮目相看。

呆呆第一次见到我时就告诉我，她听过我的课，并把她画的听课笔记发给我看。当我那个课程要结集出版时，我第一时间想到了呆呆，找她画插图。

呆呆又把这一信息公布在朋友圈，很快她告诉我，以前熟人会介绍她教小朋友画画，现在得知她还能给图书画插图，竟然还有出版社的朋友给她牵线了新业务。

想一想，你能在你的副业中提炼出社交货币吗？

以上都是不明确说出社交目的的方式，但是在副业进程中你难免需要主动联系客户，包括熟人；主动推销自己，包括你的产品。那么，主动去找熟人，要做哪些准备呢？

熟人，要抓住“熟”这一点。抓熟，不是杀熟，如果冲着关系，冲着情谊，绑架对方向你下单，那这个副业肯定长久不了。熟，意味着你很清楚对方有什么实际需求，如果这需求恰好和你的副业有关，那么送上你的解决方案，让人觉得你可信，真的为他着想，从他的角度出发。

你要做的准备是——

记住，重要的谈话只有一次机会。即便是最亲密的人，涉及重要的项目，你也要像对陌生人那样整理好资料包，想好提纲，最好进行试讲。越熟你就越知道对方最关心什么，他对你最不放心的是什么。

在适合的地方和时段谈合作，不能因为熟，就觉得随时可以开口。

识别对方的关键时刻，也就是最需要什么的时刻，提供你的关键动作。

一句话：体察具体需求，针对性解决问题。

我们来看一个例子。

阿康在一家服装企业工作，平时喜欢鼓捣精油，熟人早就知道她有这个爱好。

从优势出发，做副业时阿康首选做精油生意。她的副业收入渠道包括：在社群中给精油初学者上课，卖自己配的精油，给客户的各种身体问题提供精油解决方案。

阿康在朋友圈晒出的信息包括：她拿到了精油培训的证书，每年起码要参加两次行业会议，和小伙伴们在开会的房间里，体验各自配的精油；几乎每天都要写一段心得。

社群上课时，阿康还会晒出设计师给她做的海报，海报上她的个人标签很明显，就叫"精油疗法师阿康"。

以上都是阿康无针对性甚至看不出目的，像呼吸一样自然，更新在朋友圈内的信息。由于这是她的优势、长期以来的爱好，众人也不觉得别扭，只是这些信息的叠加，让人更确定阿康对精油是专业的，已经当生意在做了。

阿康的一个熟人叫丽丽，颈椎不太好，疫情期间阿康和丽丽比平时联系得更频繁。

有一天，丽丽在朋友圈发了一条消息，说颈椎部位又痛了。阿康就发私信给丽丽："你要不要试试精油？我给你配了点，许多人用过我配的精油，都觉得不错。"

阿康没有提钱的事，发快递单号给丽丽时，她补了一句："我特地配了滚珠，你收到后，哪里痛就用滚珠头滚几下，再涂抹吸收就好。"

精油是阿康的社交货币。

针对丽丽颈椎不好的问题，阿康及时识别丽丽的需求，及时送上贴心的解决方案，包括丽丽不知道怎么涂抹，阿康给她专门配了滚珠。

丽丽试用后，觉得阿康送的精油效果很好，一方面出于不能白用别人的东西，另一方面确实也需要，就成为阿康的固定用户，而且在收到精油时丽丽还发了朋友圈，为阿康做了一次广告。

做副业时和人打交道，总体说来，对陌生人要减少无效社交，要第一时间树立专业形象，传递核心价值；对熟人可以分两种情况，对于弱联系的熟人，可以大面积发布，让他们自然来找你，而强联系的熟人，则用社交货币吸引他们来找你，在熟人中及时发现他的需求与你的副业相合的时机，在关键时刻上关键动作。

最后，我想谈谈一类特别的熟人，他们在我们做副业时有什么价值。

这类熟人，我称为看不见的熟人，在我们的周围，尤其微信通讯录中，总是有一些很少联系但一直在的人，他们和我们保持着不折不扣的弱联系，我们的生活、朋友圈向他们敞开，或部分敞开，我们互相观看着彼此的生活，交流却很少。

这些弱联系的人存在有什么意义呢?

来看一个案例。方强在小城的电台工作了10来年，竞聘管理岗失败，气不过，干脆辞职，去了广州。中年迁徙，一切从头再来，不可能再当主持人了，他在以前带过的一个徒弟的公司先工作着，有时也会接一些婚礼主持的活儿。

很长一段时间，方强不更新朋友圈，他不愿意发布自己的现状。等他调整好心态再更新朋友圈，除了晒点日常的吃吃喝喝，证明自己过得不错，他最常做的就是用幽默且专业的方式评点网络红人在直播、录播中犯的错误，以及怎么解决。

来看一条他更新的朋友圈，是关于一位姓孙的女讲师的。孙老师是讲家庭教育的，常年做线下讲座，在线上讲课也有点端着。方强截取了她的一节几十秒的音频，在朋友圈中附上建议——

“这位孙老师，明显习惯面对面交流，习惯居高临下，一关进小黑屋，一摸话筒，就傻了，没有观众她不知道如何聊天。面对这种情况，我建议她想象自己是个咨询师，一对一提供知心姐姐服务，最简单的办法是，在话筒前前倾 45 度，就能收放自如，在听众耳中，她会像个自来熟的有缘人。”

这条朋友圈点赞者无数，许多人称“高”，许多人说：“方老师，您也调教调教我吧！”让方强吃惊的是，竟然炸出很多他都忘了什么时候加的，很久没有联系过的人，比如父亲的某个同事，某个远房亲戚，只见过一面的师姐……

这让方强意识到，他的这类朋友圈是受欢迎的，受欢迎意味着什么，他没想清楚，但之后他刻意多更新这方面的朋友圈，当成自己的一个栏目，他想看看大家的反应还这么热烈吗？

一日，方强评点一位男讲师，男讲师英文名叫迈克，在线上主要讲国际时政。方强看过他的文章，写得挥洒自如，但听他的声音却感觉非常拘谨，嗓子也绷着，不够自如、轻松。方强照例在朋友圈根据自己的经验进行分析——“我如果是迈克，就会研究该节目的听众，他们想要什么样的主持人？再研究一下自己，如何让自己符合听众心中理想的样子。”除了像之前一样点赞者众多，方强的微信好友中，恰恰有认识迈克的，他是之前方强在小城电台采访过的一位嘉宾，这位嘉宾就在朋友圈下说“真巧”，还邀请方强和迈克一起吃饭。

那天，一顿饭下来，方强发现迈克谈笑风生，不像是个拘束的人，他围着迈克转了一圈，想出一个主意，他提议：“你以后录音的时候，叫几个真人坐在你面前，你就会放松，就会说得很好。”迈克之后照做，果然效果惊人。他问方强，这是什么招？

方强说：“你的问题不是能力问题，是性格，我们要根据节目的不同，拿出自己性格的一部分去凑、去演。迈克，你是个孔雀开屏型的人，所以要有听众，听我的，下次没有听众，你就在话筒前摆一张喜欢的女生的照片，越得不到的越好，你越有表达欲。”过了几天，迈克拍了一张他在话筒前放了某位自己喜欢的女明星的海报的照片发给方强，方强哈哈大笑之余，将这段故事和之前的点评截图，再发布在朋友圈内。

那天，方强数了数，点赞的、评论的人加起来有几百条，这说明什么呢？方强仔细思考了，说明太多人需要声音教练。

是的，声音需要调教，可以表演。当不了主持人，可以当主持人的师父啊；当不了主持人的师父，可以给想当主持人的、类似主持人专业的人做师父啊。

方强接下来做了三件事——

他继续更新类似的朋友圈。

将这些朋友圈挪出微信，发布在各个网络平台，编辑成更专业的意见。

联系这些网红幕后的公司，表示自己可以做他们的教练。

方强的第一个活儿，是迈克介绍的。活儿越来越多，每成功一单，方强就会在朋友圈晒出当天的工作照、工作笔记、心得，微信好友中，但凡有人有这方面的需求，哪怕只是要当众随便发一次言，都会第一时间想到方强。当这件事能养活方强时，方强注册了个小公司，“方强声音工作室”的牌子就挂在公司门口，他在朋友圈发了张照片，还附上一段话——

“感谢大家，从最初闹着玩评点各种音频、视频，到今天以此为生，全靠各位给我的点赞、鼓励、提醒、机会！"

岁末，有杂志要做新型职业的采访，一位久未联系但一直关注着方强朋友圈的记者朋友私信方强："说说呗，看你每天晒声音教练这个行当，真有趣啊！见面聊，看看适合我的角度是多少？30度？45度？还是90度？"

我们总结一下，这些看不见的熟人，对于方强的价值，体现在——

可以做市场调查、做测评。

找准方向，成为能发动的第一批粉丝。

时机合适，提供合作机会。

我尤其看中看不见的熟人。

因为强联系的人，你发什么对方都会有回应，他们的回应是一种社交。

而弱联系的人，潜伏在通讯录中的人，如果一条朋友圈连他们都不禁点赞，不禁回应，就说明有普遍意义。

整理普遍受欢迎的数据，晒有里程碑意义的业绩，发布重要的告示。

你让大家知道你在忙什么，做得怎么样，需要哪些帮助，人们才会伸出友谊及商务之手。

祝你与熟人社交愉快，让熟人成为你做副业的第一桶金！

第四章

优势维护：做副业需要注意什么

1. 做副业要避免哪些坑

关于副业的坑，和做一切工作一样，总结起来大体分为：危险、骗局、无用功及用力过猛。

危险有四重——

人身安全的危险。

一些工作需要应聘者去非正规的场所单独面试，集中培训。

一些工作需要抵押你的身份证、毕业证等，如果对方包藏祸心，拿着你的身份证件要挟你不许离职，那你就被动了。

来看一个案例。

女大学生小美想做家教。

一天，她在学校门口遇到一位中年男子 A 身前竖着一张纸牌，纸牌上写着“找家教”三个字。小美好奇，上前去咨询，A 给出的时薪是普通家教机构给出的三倍，一小时 200 元，一天一小时，一个月 6000 元。只是条件也更苛刻些，需要小美住家，A 的解释是，夫妻工作很忙，没有时间照顾孩子，家里有保姆，但学习还需要专人来照看。所以等于月薪 6000 元，还包吃住。

小美心动了。

冲着金钱的诱惑，她真的去应聘这份家教，一周后她却仓皇而逃。

理由是某日半夜，A 推开小美的房门，小美及时反应，吵闹声最终惊动女主人。A 的解释是，睡迷糊了，摸错房间。小美逃回学校，感觉是劫后余生。

不管是不是误会，事后复盘，小美得出教训：一个年轻女性在完全没有了解的情况下，住在陌生人家中，本身就蕴含了风险；在学校门口看到一张纸牌，就接受兼职，没有任何专业机构做担保，决定未免草率了些。

个人信息、隐私泄露的危险。

这种危险大多发生在你被拉进一个群之后，在沟通过程中，你被不法分子盯上，通过加你为好友，关注你的朋友圈，他们得知你的生活轨迹和行踪，从而给你带来危险。

工作危险。

不是那种真的具有危险性质，需要爬高下低的危险，而是做了违法的事，比如传销、黑中介等。

结果危险。

像签订漏洞百出、不平等的合同，带来经济上巨大的损失等。

危险往往和骗局绑定在一起，因为没有人直接冲着危险的事去做。

骗局，又不只是危险，还有一些构不成大危险，但就是让你吃亏，比如，许下一个愿景，让你付费，你付费后却不为你提供相应的产品和报酬；提供了产品，但达不到标准，就像微商在朋友圈转发购买链接、二维码，消费的是你的人脉，但销售的产品，无论是橙子还是智能机器人，都是次品、废品，根本不能用。

做副业遭遇的骗局，最著名的莫过于网络上盛传的“杀猪盘”，即一个人进了一个群，群里 100 个人，有 99 个人都在讨论某样产品，或某只股票，你在鼓动下也进行了投资，可是最后发现上当、受骗，群里除了你之外，都是骗子。

再来看一个案例，这是我在警方新闻中截取的一个片段。

业余时间爱在短视频网站流连的小球，在刷视频时发现一个弹窗：“招募兼职抖音、快手点赞。”小球按图片上的要求下载了企业微信 App，注册登录，并在该 App 里联系了“手机点赞赚钱群”的群主。这位群主要求小球关注一个抖音号，并给小球的微信转了 0.3 元，让小球有了第一笔收入。

群主告诉小球，之后类似的小钱会源源不断。

点一个赞就 0.3 元，一分钟手指能点 100 下，岂不是就赚了 30 元？一天刷四五个小时的短视频，岂不是连生活费都解决了？

小球满心欢喜，这时群主又让小球下载一个 IS 语音软件，并让他将 IS 语音设置为不允许任何人加好友，小球按照群主的提示，进入了其中一个频道，并支付给群主 199 元，用于激活职员身份，群主承诺激活后就马上返还。

之后，群主就再没出现。

小球损失了 199 元，虽然不多，但上当受骗的怨气一直在他心头挥之不去。

我们再算一笔账，所谓的群主，实际是骗子，一天如果能骗 10 个类似小球的人，就能赚近 2000 元。小球果断报了警。

副业的第三个坑，无用功。

解释一下，有时你不是遇到骗子，也没有做一件危险的事，只是看起来没赚到钱，你可能会想虽然没有收获，但也没有亏损啊！可是因为你找错方向，找错合作者，这件事耗费太多精力、时间，你就没有空去做有更多收益的事，从长远来看它就是坑。

以我自己为例。

去年二月到四月，三个月的时间我都在忙活一个影视项目。我是乙方，甲方对接的人从找到我，到碰创意，到不停地开会，找更多的人开会碰更多创意，其间我不断提供样稿，提出意见，改样稿，历时三个月。过程中我除了自己的写作，所有的时间、精力都耗在这件事上，还频繁出差，周末都没有办法陪孩子。

三个月后，我认为事情还是没有进展，因为合同签不下来，合同签不了就没法付款，没有经济保障，还无限期、无限量地工作下去，什么时候是个头呢？我肯定不能指着希望生活啊。

因此我决定提出不干了，很长一段时间我都感到懊悔，我懊悔的是，怎么白白浪费了三个月的时间，这三个月哪怕我只是看书，或者休息，也会更值得。

这是我副业做得非常成熟后，仍然会遇到的坑，即总是会遇到一些人或事，让我去做无用功。

副业的第四个坑，用力过猛。这是和无用功相对的，即给自己设立不切实际的副业目标，让副业成为另一种加班，如一些业余开淘宝店的年轻人，在工作过程中发生过劳死。

这些案例和坑中，你是不是能看出自己或身边人的影子？

那么，如何避免做副业过程中踩到这些坑呢？

我总结了几条经验——

如果你刚进入一个行业，刚认识一个人，对方就让你付费，十有八九都是骗局。

一件事好得不像真的，一定是假的。

记住，太容易挣到钱的事，一定轮不到你。

宁愿收益少些，也要和专业的机构合作。

做副业时如果有危险，是一票否决项。

事实上，当你接到兼职的信息，要考虑一下，这件事我一定要自己去吗？是不是网上面试就可以？是不是发一份样稿、录音、样品就可以？面试地点是公开、公共的场所吗？如果要求自己去，我能不能找个人陪同？

当接到要抵押证件或有提供证件的需要时，尽量提供复印件，并在复印件上标注仅限于某某用途。

网上联系时，重视信息安全。

如果你做的不是熟人的生意，不妨专门申请一个微信号用来做副业。

如果你只有一个微信号，在微信上对陌生人就要严格进行验证通过。有足够添加的理由再添加，验证通过后也要及时进行分组，设置可见内容的限制。隔一段时间，就要清理一下微信好友。

发和自己有关的内容时，不晒真实的个人和家庭信息，如身份证号、银行卡号、车牌号、门牌号，你和家人的住址，你的工作单位，孩子的名字、学校名。晒机票、车票、护照等，要打上马赛克。

少晒真实的照片，不发原图，因为原图会泄露你真实的位置信息，汇总你一个月的图片，基本上就能得出你的生活轨迹。

不泄露具体的生活状态，包括经济状态、情感状态、情绪状态。

不做不熟悉的事，涉及卖货，只卖能控制源头的货。

如果你没有吃过你卖的橙子，也不知道它是从哪里来的，无法进行品控，那就别卖了。因为有可能你朋友圈里的那点人缘，还不够这次败的。

提前做好试错成本的预估。

只和靠谱的人合作，只做靠谱的事。

如果无法估算事情是否靠谱，以能否收到钱为准，先签合同后做事，先收预付款后做事，如果这些都没有，就给自己预估一个试错时间和成本。也就是，我愿意付出半个月还是一个月没有收益，我愿意付出1000元还是2000元来投资这件事，如果过了这个线，对不起，我就撤出，这样有利于不断尝试新事物，也有利于及时止损。

好好看合同。

合同的每个条款都要研究仔细，你可以求助专业人士，如果没有专业人士，可以把你核心的诉求提出来，单列一句话。即只要确保这一核心权益在，其他损失也就不算什么。

合理制订计划，按可承受力接单、做副业。

防人之心不可无，戒贪，谨慎再谨慎些，尽量做自己熟悉的事，不去碰你不可控的环节，你的安全就多一分，富贵别在险中求。

2. 什么时候副业可以转为主业

拿出优势作为副业变现后，尤其是进行了一段时间后，很多人常会遇到一个问题——什么时候副业可以转为主业？

让我们回到最开始，回到你做副业的初心。

以下选项，哪一项符合你的情况？

做副业是为了增加收入。

做副业为了变现一部分资源。

我想跳槽，想转行，但暂时不了解风险，没下定决心，先做点与之相关的副业看看行情，作为过渡。

我拿我的爱好做副业，不给钱都想做，何况还能赚点钱。

我想用副业实现自我。

我就是喜欢在主业外有另一个身份，释放压力，突破原有的交际圈。

哪一项说中了呢?

事实上，不是每一项副业都要转为主业，不是每一项副业都会和主业起冲突，不是每个副业阶段都值得转为主业，可是我们要怎么辨别?

在这本书中，我们已经看过太多案例了，有我的，也有我身边的朋友的，以及为这门课我特地去采访的副业达人的。我们先来看看几位副业转为主业的人，他们在什么阶段转为主业的；再来看看副业和主业都做得风生水起的人，为什么不把副业当主业。

在前文出现的策划变现达人任然，自大学起就开始做策划类副业。

他先后策划了“夏官营大学”笔记本，“兰大为美”的各种纪念品，如胸针、钥匙扣、书签等，直到今天，“兰大为美”系列还被兰州大学列为校礼之一。

任然工作后，一边做自媒体，一边继续做策划，最有名的作品是“兰州大学骆驼驾驶证”皮夹。当他的自媒体有百万粉丝后，那些粉丝有一部分被引流到他自己的微信中，他于是开始尝试卖他的日常收藏、自己策划的文创。

这期间，一件收藏品销售得到的利润就超过任然主业一个月的工资。

2015年，任然因为组建家庭，辞去工作来到天津，一方面，他没有放弃副业，继续做自媒体+引流至微信+在朋友圈销售收藏品及策划作品，形成一个闭环；另一方面，他也在尝试和不同的人合作新的项目；但最终他发现，还是曾经的副业，他在做的过程中摸索出来的一条龙、闭环式的工作方式最适合自己。

买车、买房、养家、养爱好，任然都通过策划变现来实现。

任然的策划和普通策划不同，他不只做策划一个环节，而是控制整个产品从萌生创意到最后销售的全链条。

任然在从事副业7年后，在副业收入超过主业工资3年后，在掌握产品全链条的技能后，因人生阶段的选择，从一个城市到另一个城市，将副业转为主业。

记住这个时间点。

再来看主播波波。

波波从小喜欢和声音有关的一切工作，从小时候参加朗诵比赛，进行声乐训练，到大学时开始找配音兼职，做校广播电台台长、少儿培训机构小主持人课程的老师，再到工作后在本市电台做嘉宾主持人，自媒体兴起后，她在各平台建立网络电台，以音频为主建设自己的微信公众号，花了近20年时间。

波波的主业一度是航空公司的工作人员，在外人眼中她捧上的是“金饭碗”。

然而，她的兴趣从未改变过，因此当一家千万级粉丝的自媒体大号邀请她全职加入，就做网络主播，做她喜欢并擅长的那件事时，她毫不犹豫地扔掉了“金饭碗”。

当然，这家自媒体给出的薪水足够波波养家，对波波在主播这个职业上个人标签的升级十分有利，只是没有航空公司的工作那么稳定。

在这家自媒体公司工作一段时间，由于公司搬迁到北京，波波怀孕、生子，成为人母，她不可能随公司移居，因此她选择了离职。离职后，波波又加入了一家同样性质的自媒体公司，利用在前一家公司做过网络课程的经验，在新公司负责课程，异地办公。

波波最终决定自己干，因为她的网络电台和微信公众号，粉丝越来越多，收入也很稳定，主业占用她太多时间，她想运营自己的品牌，想照顾家庭，明显精力不够用了。

20 年的优势培养，10 年的副业经验，4 年时间，副业变成主业的工作，最后独立门户，波波将曾经的副业变成创业的经营内容。

而我，在之前已经交代，我最明显的优势是表达，即文字表达、语言表达，也就是写和说。

以写为例，我从小爱好写作，大学时代获过全国诗歌大赛的奖项，2001 年开始发表作品，2008 年起在《中国青年报》开设专栏，我认为这是我正式写作的起点。

2013 年我出版了第一本书，2017 年成为全职作家前，我保持着每年出一本到两本书的频率。在单位，我的职位上升，工资也随之上涨，但版税收入一直维持在工资收入的两倍。

2017 年 7 月，我在一家出版单位做管理工作，完全顾不上写作，但手中的图书合同已经积压了 5 份之多，必须要在主业和副业之间做个取舍。

写作是我一直以来的梦想，我没有在大学毕业之初就选择全职写作，因为当时没有拿写作养活自己的本事。我之所以选择在出版社、报社工作，也因为它们离文字、作家这个职业最近。

后来，我经过慎重思考，决定结束人们心中常规的职场生涯，回家写稿。

这不是一个轻率的决定，我的前半生都为此准备着，另外我手中有 5 份合同，基本上都收了预付款，在未来 3 年里，我只要把合同履行，就能收到剩下的尾款，比 3 年职场同时段的收入更高，生活不是问题。

至于 3 年后怎么办？ 3 年足以积攒更多的资源、机会，谈成更多合作。

我的副业和主业本来就相关，都和文字、传媒有关，因此即便3年后没有更多资源、机会、合作，我也能凭借3年内我写作的图书，随时重回职场，重回出版机构工作。

这时，我已经业余写作9年。

以上3个案例，你能总结出什么？

我的结论是，副业适合变成主业的时机在于——

副业与你对自身社会角色的定位一致。

做了一定年限，还愿意持续做下去。

副业已经带来稳定的收入。

如果副业成为专业，3年之内的工作安排你已经了然于心。

卡上有3年之内的生活费。

有退路，随时能回到过去的生活、从事曾经的主业。

即便有一天不从事这份副业，这段资历也不会浪费。

那什么样的副业不用转为主业呢？

我们再来看3个前面提到的副业和主业并存，都做得风生水起的达人。

医生经纪人晓鑫，已经带领着七八个人的团队，专门为名医、医院做包装、宣传，打造医生的个人IP。晓鑫的主业是医疗节目的制片人，如果没有这份主业，她无法接触到医疗行业、传媒行业的前沿信息及人脉，主业是她副业的蓄电池，因此她暂时不会放弃。

问到何时放弃主业，晓鑫给我的回答是：副业做得够大，比如经纪公司有七八十个员工，比如年收入在千万元以上，届时精力、时间顾不过来。同时，经纪公司的体量大了，各方面的资源、人脉也都升级了，不需要主业再来蓄电，或者说有其他途径蓄电，主业养不起副业所需了。

本职工作是销售，业余做棒球教练的王勇，曾是棒球运动员，每周教两所小学的小朋友练棒球，周末在附近大学操场教成人学员，兼给若干小朋友上私教课。由于棒球特长，王勇本职工作的客户，很多是向他学棒球的成年学生，或小朋友的家长，或由这些人介绍而来。王勇在公司也不避讳他这份兼职，还将教棒球作为社交货币，在公司团建时教同事们打，一些同事和领导的孩子也成为王勇私教的学生。

王勇会不会放弃副业呢？不会，因为棒球是他的标签之一，棒球成为他和别人打交道的方式。此外王勇真心热爱棒球，这是在他职业运动员生涯结束后残留的念想，他的副业真可谓不给钱也做，何况还给钱。

王勇会不会放弃现在的主业呢？目前没有苗头。

他的主业、副业已经达到平衡，互相加分，而且看得出，王勇用主业和副业打造出“斜杠青年”的身份，他很享受，能在不同的身份中得到喘息，发现新奇。

业余用读书变现的拆书达人、军事迷李军，原本是一名公务员。

李军从事拆书变现副业的初心，就是增加收入、以爱好养爱好，同时做个让人喝彩的票友，得到掌声，让他小小骄傲一下，这些就可以了，再多的他没想过。

所以李军会辞去公务员工作做专业的拆书人吗？不会。这一点李军十分肯定。如果有一天，他的主业很忙，或者升职了，李军还会做拆书人吗？也不会。

因为李军对自己的定位，一直是知识分子。做个体经营？他没这个准备，家人、外部环境也不允许。

但读书是一辈子的事，有了拆书变现这种方式，李军认为他只要有空，比如退休了，还会拿读书做点什么。

说到这里，我们再回到做副业的初衷——

如果副业是你做主业的一个过渡、实现自我的方式，当副业证明你可以从事它，生活也有保障，你的兴趣也在此，价值因此放大，就可以转为主业。

如果副业需要主业蓄能，副业是你在主业社会身份之外的调剂，那就让副业与主业共生。

如果你做主业还是副业都只是为了金钱，为了增加收入，就更好选了，哪个性价比高就做哪个。

总之，希望我们都能找到自己的优势，用最轻松的方式，赚钱、享受、转型！